JN272791

EMPATHY BRAND
Community, Narrative and Customer Participation

共感ブランド
場と物語がつくる顧客参加の仕組み

金森 剛
Tsuyoshi KANAMORI

東京 白桃書房 神田

はじめに

　企業が永続的競争優位を築くためにはブランド化が必要である。Keller（1998）は消費者のブランド知識をブランド認知とブランド・イメージに分類した（図 0 - 1）。ブランド価値向上のためには，認知率とブランド・イメージの知覚品質を向上させなければならない。しかし大規模な広告投資によってブランドの認知率の向上を図り，ユニークで好ましいブランド連想を確実に生起させることは，ほとんどの企業にとって容易であるとは言えない。

　例えば筆者が勤務する女子大は1900年創立であり，日本の女子大としては 4 番目に古い。旧制の帝国女子専門学校であった頃には絶大なブランド力を誇り，朝鮮半島や台湾からも留学生が入学してきていた。しかし今日，女性の大学進学率が50％を超えるようになると，在籍者数3500人程度の小規模大学の存在感は相対的に低下せざるをえない。いかに「ユニークで好ましい」特徴を備えていても，認知率を向上させるための大規模な広告投資を行う経済的余裕はない。

　しかし中小企業であっても，限られたターゲット顧客による強い共感を獲得して，永続的競争優位を築く方法はあるはずである。

　Tybout & Carpenter（2001）の言うように，ブランドには「機能ブランド」「イメージ・ブランド」「経験ブランド」がある（表 3 - 1 - 4）。このうち，機能ブランドとイメージ・ブランドは，一般に大企業が莫大な開発投資と広告投資を行ってブランド価値を構築していくものである。一方で経験ブランドは，ユニークなブランド経験をベースにブランド価値が構築されていくものであり，消費者の共感を基礎としたブランドである。「経験ブランド」はサービス財に多くみられ，消費者にとってのユニークな経験が差別化要素である。政策的には従業員や場所によって構成される「サービス提供の場」の整備が重要である。顧客の自己実現欲求に対応していることが多いとされ，イメージ・ブランドと同様に相対的に顧客のブランド関与は高い。企業

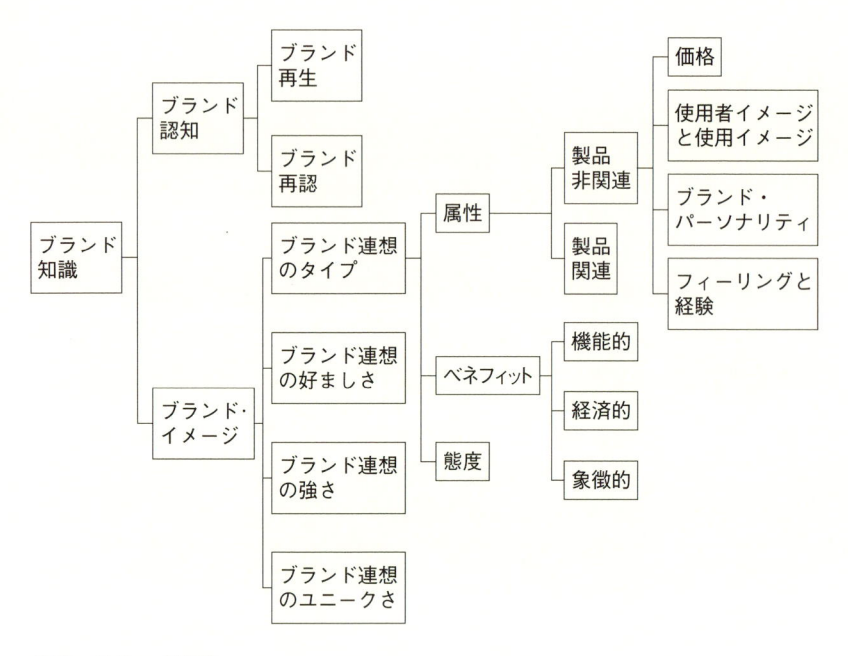

出所：Keller（1998）

図0-1　ブランド知識体系

側ではサービス提供の各要素を一貫させる必要があり，飽きてしまう顧客の満足度を維持する努力が必要とされる。

　「経験ブランド」を目指せば，巨大な投資がなくとも，ブランド経験を丁寧に設計することでブランドを成長させることができる。例えば「イメージ・ブランド」が高根の花の大女優だとすれば，いつでも会える（会えそうな）「モーニング娘。」「AKB48」「ももいろクローバーZ」などは「経験ブランド」であろう。この「ブランド経験」が「共感ブランド」を育てる。本書では，ブランド経験によってブランドに対する共感が生じ，その結果として識別され区別されるようになるブランドを「共感ブランド」とする。

　共感とは感情の共有である。Miniz & O'guinn（2001）の「ブランド・コミュニティ」では，それが「仲間意識」として捉えられている。また，ブランドの主張や哲学に共感すると「儀式と伝統」が生まれ，「倫理的責任」が

生じる。その倫理的責任はブランドとブランド・ユーザーを援助したいという態度と「価値共創」行動につながる。

　本書ではそうした共感ブランドを育てるための方法を，消費者行動の実証分析から検討した。結論を先取りするなら，DARTがブランド経験を充実させ，その結果ブランドへの共感が生まれることでブランド・ロイヤルティが向上し，それがブランドの活動への参加を促してコミュニティを形成し，価値の共創状態を作ることで，再度DARTの強化につながる（図0-2）。この共感ブランド構築のサイクルについて，順を追って明らかにしていきたい。

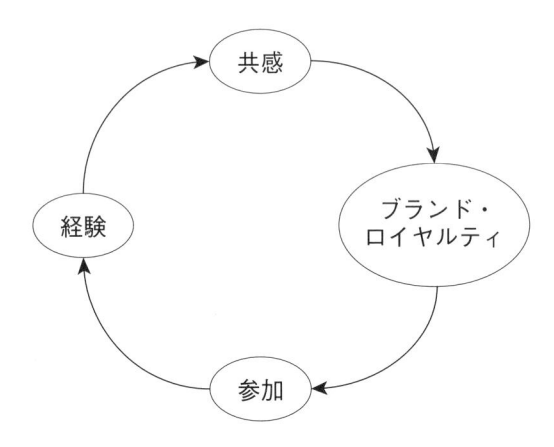

図0-2　共感ブランド構築のサイクル

　まず「第1章　ブランド概念の普遍性」では，あらゆる財にブランドとしての性格が普遍的にあることを，一般にブランディングから遠いと考えられている交通系ICカードの事例において分析する。広島での新しい交通系ICカードの利用開始時期は，その利便性からだけでなく，発行する交通機関のブランドや，その沿線の地域ブランドからも規定されることを実証する。次に「売れ続ける仕組み」としてのブランドの永続性の背景を分析する。

　「第2章　コミュニティによる習慣化」では習慣化による行動の永続性に注目する。習慣化が最大の課題であるダイエット行動を取り上げ，ダイエット支援のためのネットコミュニティ参加者を対象に，長期的に継続してダイエットを行っている人のダイエット行動規定要因を分析する。このようにコ

ミュニティが，態度や行動の永続性を担保していると考えられる。

そこで「第3章 ブランド・ロイヤルティ向上のメカニズム」では，コミュニティがブランド・ロイヤルティを向上させる働きについて明らかにする。特にコミュニティが「DART」（Prahalad & Ramaswamy 2004）やブランドの「経験価値」（Schmitt 1999）を充実させ，その結果としてブランド・ロイヤルティが向上することを，ICカード，スポーツ・コミュニティ，外食，通信添削サービスなどの各業種において実証する。

そして「第4章 消費者の参加と共創を生みだすメカニズム」では，外食と通信添削サービスを例にとり，ネット上の口コミの内容を分析する。そこからブランド共感が消費者の参加や価値共創を実現するメカニズムについて検討する。

最後に「終章 共感ブランディング形成の方法」では，統合された全体モデルを提示し，共感ブランド構築の有効な手段として企業のブランディング活動への消費者の参加と価値共創を提案する。

本書を構成する各研究については以下の4つの助成事業のご支援をいただいた。ここに記して感謝の意を表する。

- 相模女子大学特定研究助成費（A），「健康行動促進におけるネットコミュニティの役割：ヘルス・ビリーフ・モデルの拡張」，平成20年度
- 独立行政法人日本学術振興会，科学研究費助成事業，基盤研究（C），「健康行動変容におけるネットコミュニティの役割」，平成21〜23年度
- 独立行政法人日本学術振興会，科学研究費助成事業，基盤研究（B），「地方での電子マネーの普及過程とサービスイノベーションの研究」，平成21〜24年度
- 公益財団法人電気通信普及財団，研究調査助成，「参加型マーケティングのブランディング効果：ネットコミュニティの活用」，平成24年度

特に基盤研究（B）では代表の県立広島大学教授（当時）小見志郎先生にお世話になった。なお本書の刊行については，平成26年度相模女子大学「学術図書刊行助成費」の支援を受けることができた。また白桃書房編集部の矢澤聡子氏には，分かりにくい部分について具体的なご指摘をいただいた。あわせて感謝の意を表したい。

目　次

はじめに

第 1 章　ブランドの概念の普遍性：
　　　　交通系 IC カード普及におけるブランドの影響 …………… 1

1．研究の背景と目的 ………………………………………………… 1
2．電子マネーの普及要因 …………………………………………… 2
3．ブランド要因に関するプレサーベイ …………………………… 4
4．PASPY 利用開始時期に関する仮説モデルの構築 …………… 5
　　1）仮説モデル　　5
　　2）PASPY 評価　　6
　　3）企業評価　　6
　　4）地域評価　　7
5．定量調査の方法とデータ ………………………………………… 9
6．因子の特定化 ……………………………………………………… 10
　　1）個人属性　　10
　　2）PASPY 評価　　10
　　3）企業評価　　11
　　4）地域評価　　12
7．モデルの実証 ……………………………………………………… 12
8．結論と今後の課題 ………………………………………………… 15

第 2 章　コミュニティによる習慣化：
　　　　ダイエット態度変容におけるコミュニティの影響 …………… 17

1．ダイエットサイトでの態度変容過程 …………………………… 17
　　1）問題の所在　　17
　　2）先行研究と仮説の構築　　18
　　3）方法　　25

　　　　4）結果と考察　　27
　　　　5）結論と今後の課題　　35
　　2．ダイエット態度と所属集団の影響………………………………36
　　　　1）問題の所在　　36
　　　　2）先行研究　　37
　　　　3）仮説　　38
　　　　4）方法　　41
　　　　5）結果　　45
　　　　6）結論と今後の課題　　54

第3章　ブランド・ロイヤルティ向上のメカニズム：
　　　　コミュニティの果たす役割 ……………………………………57

　　1．実証ケース1：DARTによるブランド経験
　　　　―ブランド・ジャパン2010年度総合ランキングなどより……………57
　　　　1）問題の所在　　57
　　　　2）ブランド論の変遷　　58
　　　　3）仮説　　62
　　　　4）調査方法　　64
　　　　5）分析結果　　66
　　　　6）考察　　73
　　2．実証ケース2：交通系ICカードの利用促進にみるDARTと
　　　　ブランド経験……………………………………………………77
　　　　1）問題の所在　　77
　　　　2）電子マネーの利用促進要因　　78
　　　　3）ブランド・マーケティングの手法　　79
　　　　4）DART・経験価値によるブランドロイヤルティ向上の
　　　　　　仮説モデル　　81
　　　　5）DART・経験価値の効果の実証方法　　82
　　　　6）DART・経験価値の効果に関する分析結果　　83
　　　　7）電子マネー利用促進方法としてのDARTと経験価値　　89
　　3．実証ケース3：ICカード型電子マネーの買い物での利用に
　　　　みるDARTとブランド経験……………………………………90
　　　　1）問題の所在　　90

2）ブランド経験と DART　　90
　　　3）電子マネー利用に関する仮説モデル　　92
　　　4）実証方法　　93
　　　5）分析結果　　94
　　　6）結論　　102
4．実証ケース4：集団参加にみる DART とブランド経験
　　―スポーツ・コミュニティ……………………………………103
　　　1）問題の所在　　103
　　　2）運動継続のコミュニティ効果　　104
　　　3）スポーツ・コミュニティ参加に関する定性分析
　　　　〈研究1〉　　106
　　　4）スポーツ・コミュニティ参加の規定要因の定量分析
　　　　〈研究2〉　　108
　　　5）結論　　115
5．実証ケース5：外食と通信添削にみる DART とブランド
　　経験の規定要因………………………………………………116
　　　1）問題の所在　　116
　　　2）先行研究　　117
　　　3）仮説　　118
　　　4）調査と変数　　119
　　　5）分析　　122
　　　6）結論と今後の課題　　136

第4章　消費者の参加と共創を生みだすメカニズム：
　　　　外食と通信添削にみる共感と参加……………………137

1．問題の所在………………………………………………………137
2．先行研究…………………………………………………………138
　　　1）ブランド・ロイヤルティの実証モデル　　138
　　　2）ブランドの特徴　　139
3．仮説………………………………………………………………140
4．調査………………………………………………………………141
5．分析………………………………………………………………142
　　　1）発言数　　142

2）発言内容　　143
　6．結論と今後の課題 …………………………………………… 148

終章　共感ブランディング形成の方法 …………… 151
　1．参加と価値共創の全体モデル ……………………………… 151
　2．2種類の口コミ—共感型，不安型 ………………………… 153
　3．DARTとブランド経験の構造に関するこれからの展望 …… 154

参考文献　　157

初出一覧　　165

第1章
ブランド概念の普遍性
交通系ICカード普及におけるブランドの影響

　全米マーケティング協会によれば，ブランドとは「ある売り手の商品やサービスを他の売り手のそれとは異なるものとして識別するための名前，用語，デザイン，シンボル，およびその他の特徴」である。しかしブランドには一般にイメージが付随しており，単に商品名によって識別されるだけではない。消費者の購買意図形成は，その商品が持つ客観的な性能・品質に影響を受けるだけでなく，消費者の記憶に蓄積されたブランド・イメージにも影響を受ける。つまり圧倒的に高い知名度や，圧倒的に高い品質を保有していなくても，イメージによる強い差別化は可能である。

　本章では，あらゆる財にブランドが普遍的に寄与することを，一般にその性能・品質によって評価されるためにブランディングから遠いと考えられている交通系ICカードの事例から考察する。広島での新しい交通系ICカードの採用スピードは，その利便性からだけでなく，発行する交通機関のブランドや，その沿線の地域ブランドからも規定されることを実証する。

1．研究の背景と目的

　流通系ICカードの普及が進みつつあるが，SUICA等の交通系ICカードの発行枚数は依然として大きい。各地のJRだけでなく私鉄やバスなどの共通乗車券として普及が進んでいる。交通系ICカードには，定期券，乗車券，電子マネーといった複数の機能があり，通勤・通学者にとって定期券と

しての用途があるため，当該地域での普及率が高いと考えられる。今後も各地で交通系ICカードの新規発行が想定され，発行企業による普及促進策の検討が必要になると考えられる。

電子マネーとしてのICカードの普及については，従来は利便性と経済性が主要な要因として考えられてきた（渡部・岩崎 2009）。しかしICカード自体が珍しくなくなってきており，地域によってはJRと私鉄の競合も存在する。そのような成熟段階においては利便性や経済性といった基本的で本質的な商品機能だけでなく，ブランド・イメージや付加サービスといった周辺的機能が重要となってくる。特に私鉄はその沿線イメージが注目されるように，ICカードの普及についても企業ブランドや沿線の地域ブランドの影響が大きいと考えられる。

本章では交通系ICカードの普及が始まった地域を取り上げ，普及促進要因としての企業ブランドや沿線の地域ブランドの効果を実証する。対象は広島県内の交通系ICカードの「PASPY」である。PASPYは広島県内のバス・市電で2008年1月26日から導入された非接触型ICカードである。本論での調査時点で26万3000枚が発行されていた（2009年11月末）。従来は「広島地区共通カード」が発行されていたが，2011年3月31日で利用が終了し，PASPYに完全に代替されることになった。なおPASPYは，調査時点では一般の小売店舗での利用はできなかった。このPASPYについて初期採用者と後期採用者の比較を行うことで，電子マネーの普及過程の分析を行い，普及促進策についての示唆を得ることを目的とする。

2．電子マネーの普及要因

渡部・岩崎（2009）の実証研究によれば，電子マネーの利用意向を規定する要因として「交通機関利便性」「買い物利便性」「不便さ」「不安感」「利用場所の問題」の5つを仮定している（図1-1）。モデルの適合度指標の一部（RMSEA）について一般的な基準を満たしていないが，データとこのモデルとの適合はほぼ十分な水準であると言える。ただし「お店での支払いが迅速」が「交通機関利便性」にも規定されているとする構造の妥当性が理解

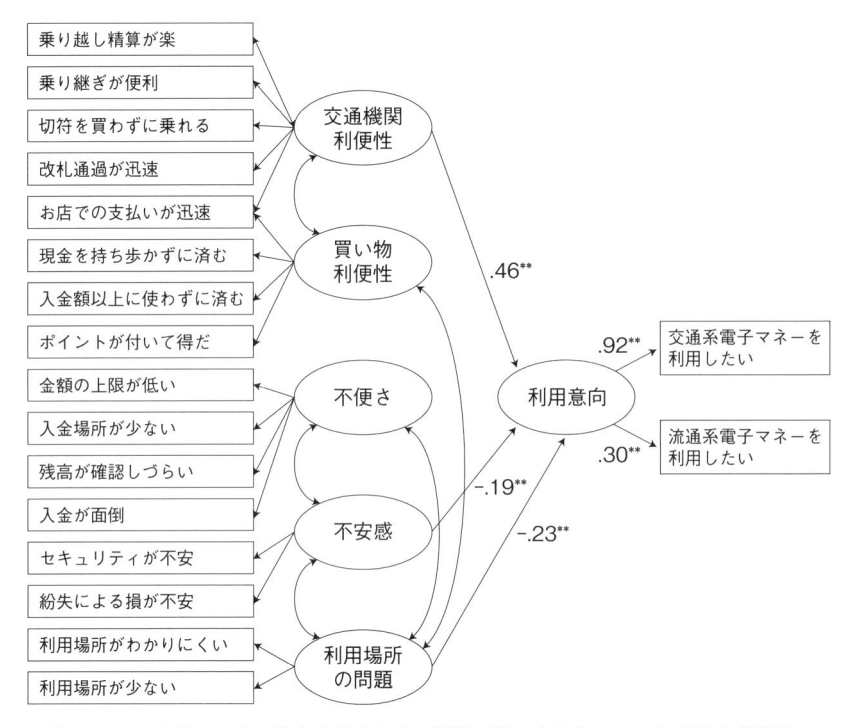

注：**：1%水準で有意。潜在変数より左の観測変数に向かうパスおよび潜在変数間の共分散はすべて1%水準で有意。
GFI=0.924, AGFI=0.869, CFI=0.932, RMSEA=0.056, 自由度=126, χ^2=263.739。
出所：渡部・岩崎（2009）

図1-1　電子マネーの利用意向の規定要因

しにくい。

　この実証分析の結果,「利用意向」を直接規定している要因は「交通機関利便性」「不安感」「利用場所の問題」の3つだけであり,「買い物利便性」と「不便さ」から電子マネー利用意向への直接効果が統計的に有意とならなかった。やはり定期券や乗車券としての利用の方が買い物の際の電子マネーとしての利用よりも重要であるという結果が出ている。

　電子マネーには一般に「ネットワーク外部性」があると考えられている。多くの人が利用すれば多くの小売店がサービスに加盟することになる。即ち

ある程度普及が進まないと普及に加速がつかない。そのため「利用意向」の規定構造を明らかにするだけでなく,「利用時期」の規定構造を明らかにすることも重要である。つまり,電子マネーを早く採用する層を特定化し,その層に合ったプロモーションを行うための知見が必要である。

一方で電子マネーは公共性の高い社会インフラとしての側面も持っている。特に交通機関が発行する場合,沿線住民が積極的にその電子マネーを採用することにより,沿線地域の利便性が向上し,結果として居住地域の価値を上げることができる。沿線住民が交通機関を応援し,皆で将来に対する投資として電子マネーを採用するようになれば,普及に加速がつくのではないだろうか。企業や地域に対する愛着から投資的消費を行うとすれば,それは企業ブランド力や地域ブランド力の結果に他ならない。電子マネーは,こうした消費者「参加」型のマーケティング活動との適合性が高いと考えられる。

3．ブランド要因に関するプレサーベイ

PASPYの普及に対するブランド要因の影響についての仮説を構造化するため,広島県内のPASPY利用者に対する定性調査を行った。2009年11月20日〜27日の期間に,株式会社ドゥ・ハウスの管理するパネルを対象としてネット・グループインタビューを実施した。総サンプル数は34人で,男性17人,女性17人である。年齢は20代18人,30代13人,40代3人である。質問内容は,鉄道会社・バス会社の印象,PASPY利用前の気持ち,PASPYについて行った会話,キャラクター「くまぴー」の印象,PASPY以外の電子マネーの利用実態,買い物割引サービス「ちゅーぴーくらぶ」の利用実態,である。

その結果,交通機関のダイヤ,駅や路線等の設備,運転手・車掌・改札などの従業員の対応によって企業ブランド経験が構成されているようである。また,「広島の顔」「地名を冠している会社なので地域に根付いた空気のような存在」という発言が典型的であるが,交通機関と沿線地域が結びついたブランド意識の存在が確認できた。ただしそれらがPASPY利用に結びつくか

どうかは確認できなかった。なおキャラクター「くまぴー」のブランド効果は限定的であり，割引サービス「ちゅーぴーくらぶ」の利用率は低いとの結果が得られた。

このように，PASPYの経済性や利便性だけでなく，発行会社である交通機関や沿線居住地域への愛着についても，PASPYの採用に影響を与える可能性がある。

4．PASPY利用開始時期に関する仮説モデルの構築

1）仮説モデル

これまでの検討から，図1-2の仮説モデルを提案する。第一に渡部・岩崎（2009）と同様に，PASPYの経済性・利便性などの「PASPY評価」がPASPY利用開始時期を早める効果あるとする（H1）。合わせて，プレサーベイで示唆されたように，企業ブランド力を中心とする「企業評価」（H2）や地域ブランド力を中心とする「地域評価」（H3）も，PASPY利用開始時期を早める効果あるとする。

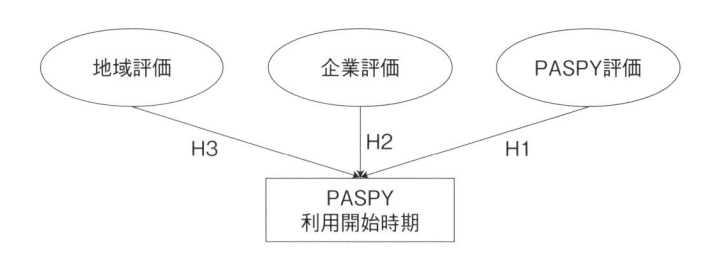

図1-2　PASPY利用開始時期に関する仮説モデル

この仮説モデルにおいて楕円は潜在変数（構成概念）であり，四角は観測変数である。以下，潜在変数を構成するための観測変数について検討する。

2）PASPY 評価

PASPY 評価については，渡部・岩崎（2009）を参考にして表1-1の変数を設定した。なお PASPY はこの時点で一般の小売店での買い物の決済には使えないため，買い物関連の変数は除外した。

表1-1　PASPY 評価にかかわる観測変数

交通機関利便性	PASPY は乗り継ぎが便利だ
	PASPY は乗り越し精算が楽だ
	PASPY は切符を買わずに乗れるので便利だ
	PASPY を使うと乗り降りがスムーズで便利だ
不便さ・不安感	PASPY の購入方法は分かりやすい
	PASPY の金額の限度額2万円は，私にとって十分である
	PASPY は残高が確認しにくい
	PASPY は利用履歴がわからなくて不便だ
	PASPY は入金が面倒である
	PASPY はクレジットカードと連動して，残金が少なくなると自動的に補充（オートチャージ）されるようになると良い
	PASPY を買うときにデポジット代（500円）がかかるのは嫌だ
	PASPY は ICOCA として JR で使えないので不便だ
	PASPY は路線や区間によって割引率が異なるので，困る
	PASPY の利用可能路線の数は私にとって十分である
	PASPY は紛失しても届ければ再発行されるので安心だ

3）企業評価

企業評価については，表1-2の観測変数を設定した。「機能性」についてはプレサーベイで抽出された変数を採用した。「ブランド・パーソナリティ」については，角田（2002）が阪急電鉄を対象に行ったブランド・パーソナリティの分析でも使用しているように，Aaker（1996）の「誠実」「刺激」「能力」「洗練」「素朴」の各変数を採用した。そのほか「総合評価」として，プレサーベイなどから複数の変数を設定した。

表1-2　企業評価にかかわる観測変数

機能性		運行本数や運行時間帯
		車両やバス停・駅などの設備
		従業員
パーソナリティ	誠実	堅実である
		正直である
		健全である
		安心である
	刺激	想像力がある
		斬新な感じがする
		勇気がある
	能力	信頼できる
		知性を感じる
		成功している企業である
	洗練	洗練されている
		魅力的である
	素朴	男性的である
		頑強なイメージである
総合評価		他の会社とは違う
		この地域の顔である
		これからもずっと存続する会社だ
		自分が最初に思い浮かべる交通機関だ
		自分はこの会社のことを良く知っている
		自分にとって役に立つ
		自分にとってなくてはならないものだ
		この会社のイメージは強い
		この会社が好きだ
		この会社を応援したい

4）地域評価

　地域評価にかかわる変数については，以下のような研究成果がある。まず電通 abic project（2009）は，「体験価値提案による地域ブランド構築」を提案している。地域ブランド力を上げていくためには，「買いたい，訪れたい，交流したい，住みたい」という4つの段階を想定している。これらの意図・行動の前提として，バーチャル・コミュニケーションやリアル・コミュニケーションによって，地域情報を調べて知ることが重要であるとしてい

る。

　槇野・添田・大野（2001）は東急電鉄沿線の地域愛着について分析しており，「人間関係」「地域の知識」「生活経験」「環境に対する意識」が「地域愛着」を規定するとしている。また渡邊（2006）は，地域コミュニティの各種団体・集団への参加が地域への愛着を規定するとしており，萩原・藤井（2005）は交通行動が「風土視認度」「風土接触度」を媒介して「地域愛着」を規定するとの分析結果を報告している。

　このように地域評価については，地域の人々との交流を通じて各種の地域情報を知ることにより地域愛着が高まるという構造があるようである。そこで本論では，風土視認・接触度，地域情報，地域愛着，個人属性としての所属組織数などによって構成されると考える（表1-3）。

表1-3　地域評価にかかわる観測変数

風土視認・接触度	住んでいる地域の風景を見ることが多い
	道路沿いの看板を見ることが多い
	家の近くに生えている植物を見ることが多い
	鳥や虫の鳴き声を聞くことが多い
	住んでいる地域の人々と挨拶をする機会が多い
	住んでいる地域の人々と話をする機会が多い
	道ばたに咲く花や土など，自然のにおいをかぐことが多い
地域情報	地域の歴史
	地域の自然環境
	地域の主要施設
	地域の安全性
地域愛着	住んでいる地域は大切だと思う
	住んでいる地域には自分のまちだという感じがする
	住んでいる地域にずっと住み続けたい
	住んでいる地域に愛着を感じている
	住んでいる地域に自分の居場所がある気がする
	現在お住まいの地域を，どの程度好きですか
個人属性	居住期間
	居住地域
	所属組織数

5．定量調査の方法とデータ

　以上の仮説を検証するためにアンケート調査を実施した。まず対象者のスクリーニング調査を実施した。株式会社インテージ・インタラクティブが保有する広島県内の対象地域のパネル5,420サンプルに対してネット・アンケートを実施し、2010年2月12日～15日の期間でPASPY保有者を抽出したところ、1,410サンプル（26％）を得ることができた。PASPY非保有者4,010サンプルのうち、PASPYが利用できる交通機関13社の利用頻度がいずれも週1回を越えない人が3,730サンプル（93％）であった。すなわち、この時点でPASPY利用のメリットがある人にはほとんど普及している状態あった。

　ちなみにPASPYが利用できる交通機関とは、広島電鉄（バス），広島電鉄（市電），広島バス，広島交通，芸陽バス，備北交通，中国ジェイアールバス，呉市交通局，鞆鉄道，広島高速交通（アストラムライン），HD西広島，中国バス，井笠鉄道（バス），第一タクシー（バス）の13社14種類の交通機関である。

　抽出された1,410サンプルのPASPY保有者に対して男女同数の割り付けを行い、2010年2月19日～22日に本調査（ネット・アンケート）を実施し、462サンプルの有効回答を得た。このうち欠損値の多い7サンプルを除外し、455サンプルを用いて分析を行った。

　455サンプルのうち、男性が51.2％，女性が48.8％である。年齢別には10代1.1％，20代15.8％，30代33.0％，40代28.6％，50代15.4％，60代以上6.2％であった。

　表1-1～3の各変数については、「大変あてはまる～まったくあてはまらない」もしくは「大変そう思う～まったくそう思わない」といった5段階評価尺度でアンケートを実施した。「PASPY利用開始時期」については、2008年に採用（107サンプル），2009年前半に採用（95サンプル），2009年後半以降に採用（253サンプル）の3段階で評価した。

6．因子の特定化

仮説に基づき，表1-1～3の各観測変数を用いてPASPY利用開始時期とのクロス集計を行い，χ^2検定（10％水準）によって変数の絞り込みを行った。その上で因子分析を行い，クロンバックのアルファ係数が十分高いもののみモデルを構成する変数として採用した。

1）個人属性

性，年齢，未既婚，同居子供人数，職業について「PASPY利用開始時期」とのクロス集計を行ったが，χ^2検定によって統計的に有意となる変数はなかった。交通機関利用頻度もPASPY利用開始時期とは無関係であった。

ただし，広電のバスを使う人は利用開始時期が早く，市電を使う人は利用開始時期が遅かった。これは後述の「交通機関利便性」で説明できると考えられる。

また，「将来普及すると思われるものは早めに購入しようとする方だ」，「経済的な豊かさよりも心の豊かさの方が大切だ」というパーソナリティ項目とPASPY利用開始時期との関係は強かった。PASPY採用が早い人は一般的な商品についてのイノベーターと近い属性を持っているかもしれない。但しこの変数をモデルに入れると「イノベーターが早期に採用した」というトートロジーのような分析になってしまうため，このモデルには採用しない。

しかし総じてデモグラフィック属性によってPASPY利用開始時期を説明することは困難であることが確認できた。

2）PASPY評価

PASPY評価に関わる変数について「PASPY利用開始時期」とのクロス集計を行ったところ，χ^2検定によって有意となった変数は「PASPYは乗り継ぎが便利だ」「PASPYは乗り越し精算が楽だ」「PASPYの購入方法は分りやすい」「PASPYは紛失しても届ければ再発行されるので安心だ」の

4つだけであった。渡部・岩崎（2009）で「利用意向」を説明する場合とほぼ同様の結果であった。

本調査においては交通機関利便性の2項目（「PASPYは乗り継ぎが便利だ」「PASPYは乗り越し精算が楽だ」）の信頼性を分析したところ，クロンバックのα係数が0.658となり，一般的な基準0.65を超えているためにPASPY評価の因子を構成する変数として採用することにした。残りの変数については因子を構成することができないため，今回のモデルからは削除した。

3）企業評価

企業評価関連の観測変数と「PASPY利用開始時期」とのクロス集計を行ったところ，χ^2検定によって有意となった変数は「ブランド・パーソナリティ」に分類される「想像力がある」「斬新な感じがする」の2つの変数だけであった。その他の機能性や総合評価にかかわる変数は全て関係がなかった。この2変数について信頼性を分析したところ，クロンバックのα係数が0.885となり，企業評価の因子を構成する変数として採用することにした。

Tybout & Carpenter（2001）は，ブランドを「機能ブランド，イメージブランド，経験ブランド」に分類している。筆者が別途実施した全国ブランド調査によれば（3,100サンプル，2011年2月），「小田急電鉄」が「自己表現」のための「イメージブランド」として位置づけられるという結果になった。小田急電鉄の利便性を向上させたり，サービス水準を向上させて利用経験を改善したりしても，ブランド・ロイヤリティは向上しない。それよりも沿線住民としてのプライドを感じるようなブランド経験を充実させることで，ロイヤルティを向上させることができるとの実証分析結果が得られた（金森 2012b）。

PASPY発行企業についても，交通機関としての「機能性」よりも，「想像力がある」「斬新な感じがする」といった「刺激的」なブランド・パーソナリティを感じることができれば，PASPYの将来性への投資という意味でイノベーターを引き付けることができそうである。

4）地域評価

　地域評価関連の観測変数と「PASPY利用開始時期」とのクロス集計を行ったところ，χ^2検定によって有意となった変数は「地域愛着」に分類される項目の中の「住んでいる地域は大切だと思う」「住んでいる地域には自分のまちだという感じがする」「住んでいる地域にずっと住み続けたい」3つの変数だけであった。その他の「風土視認・接触度」「地域情報」「地域愛着」に関わる変数は全て関係がなかった。この3変数について信頼性を分析したところ，クロンバックのα係数が0.803となり，地域評価の因子を構成する変数として採用することにした。

　「地域との交流があって自分の居場所があり，自然も豊かで，愛着がある」というようなウェットな評価ではなく，相対的にドライで都会的な評価項目がPASPY利用開始時期と関係が深いという結果になった。

7．モデルの実証

　以上でモデルを構成する観測変数と潜在変数が特定された。これらの変数を用いて仮説モデルのパスを改良するシミュレーションを行い，探索的にモデルの構造を決定する。

　まず図1-3「モデル1」のように，先行研究と同様に「PASPY利便性」だけで「PASPY利用開始時期」を説明するモデルを仮定した。その結果，

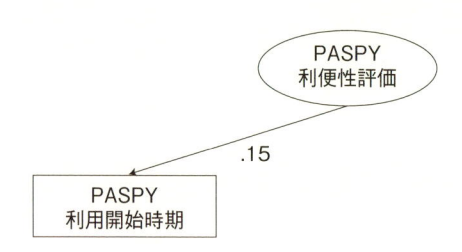

注：n=455, χ^2=10.68, 自由度=2, GFI=.989, AGFI=.943, RMSEA=.098
　　数字は標準化係数，矢印は1%水準で有意。

図1-3　実証モデル1

適合度指標のうち GFI や AGFI は十分な水準であったが，RMSEA が一般的な水準である0.05を大きく超えているため，モデルとして採用し難いという結果になった。

次に図1-4「モデル2」として，モデル1に「企業評価」変数を加えて「PASPY 利用開始時期」を説明するモデルを仮定した。その結果，適合度指標のうち GFI や AGFI は十分な水準であったが，やはり RMSEA が一般的な水準である0.05を超えており，モデルとして採用することはできない。

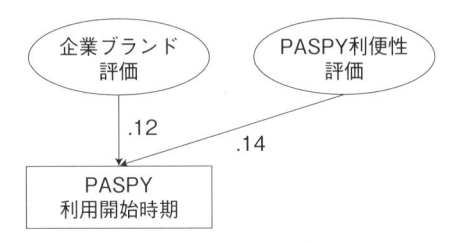

注：n=455, χ^2=24.60, 自由度 =8, GFI=.982, AGFI=.954, RMSEA=.068
　　数字は標準化係数，矢印は5%水準で有意。

図1-4　実証モデル2

次に図1-5「モデル3」として，モデル2に「地域ブランド評価」変数を加えた。その結果，適合度指標は GFI，AGFI に加えて RMSEA も十分な水準に改善された。この段階で図1-2の仮説モデルの仮説（H1，H2，H3）は支持されたと考える。しかし地域ブランド評価から PASPY 利用開始時期への標準化パス係数は.06であり，10%水準で有意であるものの若干説明力が弱いという結果になった。

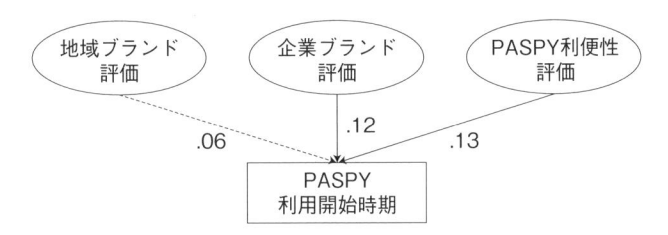

注：n=455, χ^2=52.10, 自由度 =25, GFI=.975, AGFI=.956, RMSEA=.049
　　数字は標準化係数，実線矢印は5%水準で有意，点線矢印は10%水準で有意。

図1-5　実証モデル3

さらに図1-6「モデル4」として，「地域ブランド評価」が「企業ブランド評価」を規定し，間接的に「PASPY利用開始時期」に影響を与えるという構造に変更してみた。その結果，適合度指標はGFI, AGFI, RMSEAの3つとも十分な水準であり，かつすべてのパスの標準化係数が5％水準で有意となった。地域ブランド評価が交通機関の企業ブランド評価を規定するという関係は妥当であると考えられる。

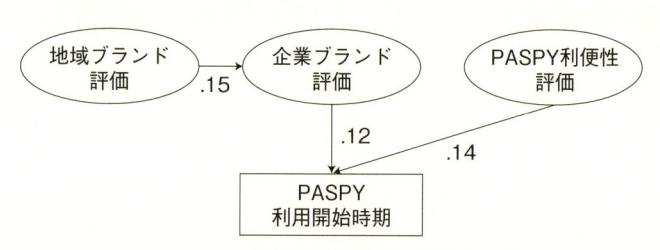

注：n=455, χ^2=45.64, 自由度=25, GFI=.979, AGFI=.962, RMSEA=.043
　　数字は標準化係数，実線矢印は5％水準で有意。

図1-6　実証モデル4

最後に図1-7「モデル5」として，「PASPY利便性評価」が「企業ブランド評価」を規定し，間接的にも「PASPY利用開始時期」に影響を与えるという構造に変更した。その結果，適合度指標はGFI, AGFI, RMSEAの

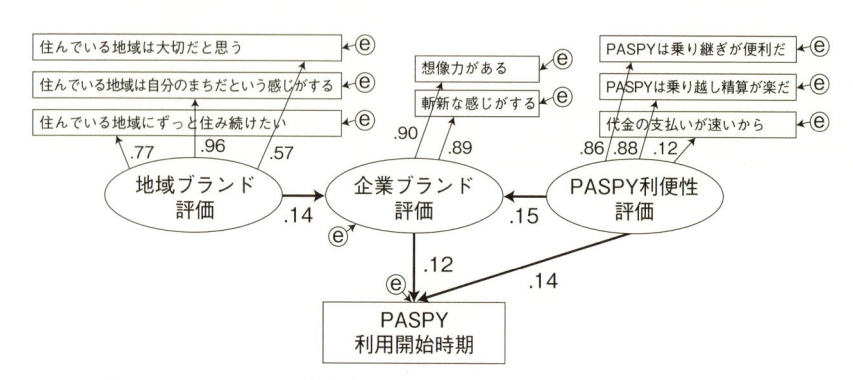

注：n=455, χ^2=38.40, 自由度=24, GFI=.982, AGFI=.967, RMSEA=.036
　　数字は標準化係数，太線矢印は5％水準で有意。

図1-7　実証モデル5

3つともさらに改善し，かつすべてのパスの標準化係数が5％水準で有意となった。交通機関の企業ブランド評価はPASPYの評価にも規定されているという構造も妥当であると考えられる。

よって本論の結論としてこの「モデル5」を最終的な実証モデルとして採用することとする。

8．結論と今後の課題

渡部・岩崎（2009）のモデルでは「利用意向」を被説明変数としていたのに対し，本章では「利用開始時期」を被説明変数としてモデルの実証を行った。さらに電子マネーに直接関わる商品属性の説明変数に加えて，企業ブランドと地域ブランドの説明変数を加えて実証分析を行った。その結果，交通系ICカードへの評価だけでなく，交通機関の企業ブランドや，沿線の地域ブランドも採用時期を直接早めるという構造が判明した。また，地域ブランドと交通系ICカードへの評価が企業ブランドを媒介して採用時期に影響を与えていることも分かった。

ICカードを発行する交通機関が本研究の分析結果を活用する場合には，以下の手順が考えられる。すなわち，交通系ICカードはネットワーク外部性が高いために，普及の加速が重要である。そのためにはイノベーターを特定し，イノベーターが重視する要因を改善する必要がある。ICカードとしての利便性の改善や訴求は当然であるが，それに加えてイノベーターは「刺激的な企業イメージ」と「自慢できる沿線の地域イメージ」を重視している。つまり，沿線の地域イメージと企業イメージを高めるブランド戦略が，ICカード普及戦略に貢献する。また，地域イメージの高い地域には交通系ICカードのイノベーターの存在確率が高いと予想され，そうした地域から重点的にICカードの訴求を行うことも効果的である。

現在では流通系非接触ICカードの普及により，電子マネーを使った買い物行動が一般化してきている。今後は買い物利便性に対する評価項目をモデルに取り込む必要があるだろう。また利用意向や採用スピードだけでなく，買い物での決済利用の利用促進策についても検討していく必要がある。

第2章
コミュニティによる習慣化
ダイエット態度変容におけるコミュニティの影響

　第1章で検討したように，ICカードの採用ですらブランドの影響下にあることが分かった。次に，消費者のブランド態度が永続する仕組みについて明らかにしたい。

　マーケティングが「売れる仕組み」を形成することであるならば，ブランド化とは「売れ続ける仕組み」を作ることであるといわれる。即ちブランド化とは永続的なブランド態度が形成され，購買や消費が習慣化することであると言える。一般に習慣の形成には所属集団等のコミュニティの影響が大きいことと考えられている。そこで本章では習慣化が最大の課題であるダイエット行動を取り上げ，ダイエット支援のためのコミュニティ参加者を対象に，長期的に継続してダイエットを行っている人のダイエット行動規定要因を分析する。

1．ダイエット・サイトでの態度変容過程

1）問題の所在

　健康維持・増進（ヘルス・プロモーション）を目的とした肥満解消行動（ダイエット行動）が注目されている。肥満解消のためには，インプットの削減である「食事制限（狭義のダイエット）」と，アウトプットの増大である「運動」が必要である。食事制限と運動を合わせて広義にはダイエット行

動と称されることが多く，本論でもそれを採用する。

　生活習慣病予防は国家的課題であり，ヘルスケア関連産業は急成長している。しかし過食と運動不足という生活習慣は容易には変更できず，短期的に減量に成功してもリバウンドしてしまうことが多い。リバウンドの原因としてはホメオスタシスだけでなく，ストレス対処としての過食が生活習慣として維持されていることがあげられる。

　健康増進の指導方法は，かつての「強制」や「教育」から「ソーシャル・マーケティング」へと重点を移してきている（武見 2003）。さらに近年では，手軽なダイエット支援サービスとして，ネットを活用したサービスが増えている。Prochaska & DiClemente (1983) の「5ステージモデル（トランスセオレティカル・モデル）」を応用したNTTデータの「三健人」(https://www.creativehealth.jp/ap/a/a0000.jsp) が有名であるが，そのほかにも Kzoku，モバダイ，ヘルシーサーチ，からだスマイル，Yahoo! beauty，gooダイエット，からだカルテ，リエータカフェといった各種のネットサービスが増えてきている。

　本節では以上の問題意識から，ダイエット・サイトでのネットコミュニティ・サービスによってダイエット行動意図が高まるメカニズムを明らかにするために，態度変容過程に関する仮説モデルを構築し，実証することを目的とする。本節ではダイエット支援サービス中から，比較的新しいカテゴリーである「グループ単位で参加するサービス」を取り上げ，その典型である「みんなでダイエッチュ」(http://keitai.biglobe.ne.jp/info/diet/) を主な対象として分析を行う。

2）先行研究と仮説の構築

　健康増進の行動の変化には非連続的ステージがあるとされており（Prochaska & DiClemente 1983），ダイエット行動においても，厚生労働省をはじめとしてこのモデルを一般的に採用している。「無関心期，関心期，準備期，行動期，維持期」という5つのステージがあるとされる。

（1）無関心期～行動期の特徴

　「無関心期～行動期」ではダイエット行動に関心を持たせて行動を起こさ

せる必要があり，相対的に短期的な対処となる。その手法として第一に，「健康信念（ヘルス・ビリーフ）モデル」が提案されている（Becker & Maiman 1975）。即ちまず，肥満が重大な問題であり（重大性），かつ自分の問題である（罹患性）という「危機感」が必要となる。次に，ダイエット行動には自分にとって様々な「プラス面」があり，同時に何かを犠牲にしなければならないという「マイナス面」が少ないという認識が必要となる。

この「健康信念モデル」では，重大性，罹患性，プラス面，マイナス面といった独立変数と，行動意図という従属変数との間で，各種の変数が媒介・調整するとしている。その媒介・調整メカニズムについては必ずしも特定化されているとは言えない。

第二の手法として「自己効力感」が注目される。「マイナス面」の知覚が弱いと，ダイエット行動の継続に対する自信をもたらし，ダイエット行動を起こしやすいという関係に着目すれば，「自己効力感」は健康信念モデルにおける媒介・調整メカニズムの一つである。「自己効力感（セルフ・エフィカシー）」はBandula（1977）によって提案されたもので，自己の成功体験，他者からの言語的説得，自分の身体や感情から判断するという生理的・情動的状態，ダイエットに成功した人の体験情報を得て模倣するという代理的経験（モデリング行動）によって促進される。

(2) 維持期の特徴

ダイエット行動が実行された後は，その行動を長期間維持し，リバウンドを防止しなければならない。ダイエット行動に対して長期間高い関与を維持することは困難であるため，行動期までとは異なる手法が必要となる。例えば，食品を小分けにすることによって無意識のうちに過食を避けるという手法が提案されている（Wansink 2005）。しかしその効果は限定的であると言わざるをえない。

一方，もしライフスタイルや生活習慣が変化して，無意識に過食しなくなったり運動したりするようになれば，それは本来の意味で「維持期」に相当する。例えば，肥満の原因は外部にあるのではなく自分の内部にあり（「内的コントロール所在」（Rotter 1966）），自分で食事や運動の量をコントロールできている状態が良い状態なのだ，と考える価値観やライフスタイルは

「維持期」にふさわしいと考えられる。

　Prochaska, Norcross & DiClemente (1994) によれば，維持期の後には新しいセルフイメージができると言われている。「あなたは新しい自分自身を作っている最中である」と表現されている。ヘルシー志向の人間に生まれ変わり，禁酒に合わせて禁煙も実現してしまう人もいる。特に運動が習慣化したライフスタイルは，積極的な態度を増進し，自己イメージや自尊心を向上させる効果を持つ (Curtis 2000)。

（3）ダイエット行動の支援

　ダイエット行動の支援は，ストレス対処（コーピング）(Lazarus & Folkman 1984) の支援であると考えられる。

　一般的な肥満とは異なる極端な病的事例ではあるが，過食症や思春期痩せ症などの摂食障害には，契機となるストレッサーが認められている（林 2002）。「準備因子」として家族の問題を中心とした中程度の慢性的ストレスがあり，そこに加えて他者からの指摘，学業試験の失敗，家族や友人など対人関係のトラブル，転校，両親の離婚，学校不適応等の「誘発因子」があると，摂食障害となる。低い自尊心，体型・体重に関する過剰な関心，厳密な食事制限，過食，自己誘発的嘔吐，といった各種要因が悪循環となっているものが摂食障害である。

　この悪循環を断ち切るためには，セルフモニタリングや，原因となる対人関係の問題を検討する必要がある。摂食障害に陥った人には「肥満（や痩せ）は自分の責任である」という「ダイエット哲学」があり，「体重は自分の責任でコントロールできる」と考えれば考えるほど，失敗したときに自分に対する否定的な捉え方が強まる (Palmer 2000)。しかし食事制限の結果，食欲が亢進してしまうというダイエットのディレンマもあり，普段より緊張感が高まり，気分のむらも目立ち，次々と生じる良くない結果に対応するために，ダイエットを諦めて自然に任せてしまうようになりがちである。このように大抵のダイエット行動は失敗するものであり，リバウンドすることが珍しくないとされる。こうしたメカニズムは一般的な肥満のメカニズムと相似形であろう。

　以上のようなストレスに対処するために，第一に臨床専門家によるカウン

セリングが用いられる。カウンセリングには「支持的・受容的カウンセリング」と「問題解決型カウンセリング」があり，問題が明確なら後者が適している（小杉 2006）。ただし一般的な肥満の問題で専門家によるカウンセリングを行う社会的コストは大きいと考えられる。

第二に対象者の周辺にいる家族，学校・職場，地域などの様々な関係者によるソーシャルサポートが有効であるとされる。ソーシャルサポートは，ストレッサーの認知的評定と対処（コーピング）の2つについて効果がある（田中 2002）。後者については，手段的サポート（情報的サポート，道具的サポート）と情緒的サポート（狭義の情緒的サポート，評価的サポート）がある（House 1981）。

ソーシャルサポートの効果については，①モデリング，②健康行動の強化，③激励，④仲間の影響，により，①アイデンティティの強化，②肯定的な自己評価を高める，③コントロール感と習熟感の増大，④不安の低減，が実現すると報告されている（野口 2006）。しかし対象者の周囲の人が積極的に支援してくれる保証はない。

第三に様々な適応課題に直面しているメンバーが集まって，定められた期間，専門的情報提供や参加者同士の相互援助を行うグループセラピーがある。アルコール依存症における断酒会（Alcoholic Anonymous）などに応用されている。専門家が主導者（ファシリテーター）となる場合が多いが，セルフヘルプ・グループの場合には専門家なしで運営される（大塚 2006）。「よく構造化されたグループであれば，患者の傷つきやすさを軽減する隠れ場所を積極的に提供する機能がある」（能 2009）とされており，集団の成長や組織学習のメカニズムが想定される。グループセラピーの難点は，同じニーズを持った人間が時間と場所を決めて集合する必要があることであり，参加のハードルが高い。

（4）ネットコミュニティを活用した支援

ブランド・マーケティングの分野では，ブランドに対する態度変容を促すツールとしてネットコミュニティが注目されている（金森・木村 2003）。その態度変容の要因は，使用経験者の「実体験情報」と，「信頼できるメンバーからのアドバイス」である（金森・西尾 2005）。こうしたネットコミュニ

ティ上での発言を促進するための様々な手法も開発されてきている（金森・西尾 2007）。

ネットコミュニティはカウンセリング，ソーシャルサポートやグループセラピーのツールとしても活用されてきている。例えば高齢者の生活支援(Xie 2008)，母親支援（Madge & O'Connor 2006）などである。また健康分野でも禁煙支援（Donelle & Hoffman-Goetz 2008），癌患者支援（Eysenbach 2003）などで一般化してきている。ただし現時点では，ダイエットや鬱病の支援で効果があったとの研究もあるが，フェース・トゥ・フェースのコミュニケーションと比較して，ネットコミュニティの方が効果が高いとは必ずしも言えないようである（Eysenbach, Powell, Englesakis, Rizo & Stern 2004, Demiris 2006）。

「集団療法は個人を対象としたときよりも効果があるわけではなく，経済的なだけである」（Palmer 2000）との指摘もあるが，少なくともネットコミュニティの効果はあり，マイナス効果はないとされている。前述のようにフェース・トゥ・フェースの手法は参加のハードルが高いが，ネットコミュニティは手軽である。さらに田村（2003）が指摘するように，物理的な手軽さだけでなく，匿名性があり，情報の蓄積性がある。また，感情も文字にしようという努力によって効率的であるだけでなく，治療効果もある。レスポンスがはやく，転移や依存がなく，自己開示しやすく，信頼関係を構築しやすい。こうした利点を活かしながら，ネットコミュニティの効果を高めていくためには，その効果のメカニズムを明らかにする必要がある。

(5) 仮説

以上からダイエット行動について，図2-1-1に示す仮説モデルを構築した。ネットコミュニティ上で成功者の実体験情報や信頼できるメンバーからのサポートがあれば，「危機感」「プラス・マイナスのバランス」「自己効力感」などが変化して，短期的にダイエット行動意図の増大が図れると考える。また，ネットコミュニティ上で同じ目的を持つメンバーとコミュニケーションを取り続けることにより，望ましい価値観や良い生活習慣が維持されるという長期的効果も期待できる。

つまり，ダイエット行動に関してBecker & Maiman（1975）のモデルと

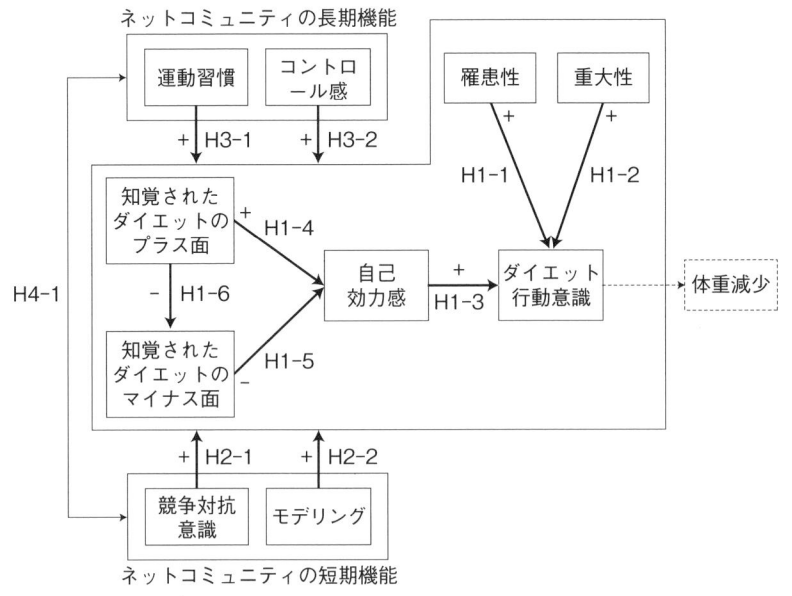

図2-1-1　仮説モデル

Bandula（1977）のモデルを統合するとともに，ネットコミュニティの短期的ソーシャルサポート機能と，ライフスタイル定着による長期的なリバウンド防止効果を実証するものである。

　第一に，Becker & Maiman（1975）のモデルより，肥満が重大な問題であり（重大性），かつ自分の問題である（罹患性）という「危機感」が強くなるとダイエット行動意図が強くなると考えられるため，以下の仮説を設定する。

　H1-1：罹患性の知覚が強ければ，ダイエット行動意図が強くなる。

　H1-2：重大性の知覚が強ければ，ダイエット行動意図が強くなる。

　またBandula（1977）より，ダイエット行動の継続に対する自信（自己効力感）が強いとダイエット行動意図が強いと考えられる。

　H1-3：自己効力感が強ければ，ダイエット行動意図が強くなる。

　さらにBecker & Maiman（1975）によれば，ダイエット行動には自分に

とって様々な「プラス面」があり，同時に何かを犠牲にしなければならないという「マイナス面」が少ないという認識が必要となる。このため，以下の2つの仮説が設定できる。

　　H1-4：知覚されたダイエットのプラス面が強ければ，自己効力感が強くなる。
　　H1-5：知覚されたダイエットのマイナス面が弱ければ，自己効力感が強くなる。
　　H1-6：知覚されたダイエットのプラス面が強ければ，知覚されたダイエットのマイナス面が弱くなる。

　第二に，ネットコミュニティのソーシャルサポート機能について検討する。「自己効力感」(Bandula 1977) は自己の成功体験や，ダイエットに成功した人の体験情報を得て模倣するという代理的経験（モデリング行動）によって促進されるため，以下の2つの仮説を設定する。

　　H2-1：仲間への競争対抗意識が強ければ，ダイエット行動意図やその規定要因が強くなる。
　　H2-2：仲間に対するモデリング意図が強ければ，ダイエット行動意図やその規定要因が強くなる。

　第三に長期的には，運動習慣 (Curtis 2000) が重要であり，下記の仮説を設定する。

　　H3-1：運動習慣のライフスタイルが定着していれば，ダイエット行動意図やその規定要因が強くなる。

　同様に「内的コントロール所在」(Rotter 1966) を参考に，自分で食事や運動の量をコントロールできている状態が良い状態なのだ，と考える価値観やライフスタイルが長期的には重要である。

　　H3-2：自分で自分の生活をコントロールできているライフスタイルが定着していれば，ダイエット行動意図やその規定要因が強くなる。

　最後に，「維持期」には「新しい自分」になり，新しいライフスタイルが定着していると考えられる (Prochaska, Norcross & DiClemente 1994)。よって競争やモデリングといったネットコミュニティの短期的機能よりも，望ましいライフスタイルの定着であるネットコミュニティの長期的機能の方

が，ダイエット行動意図を規定していると考えられる。

  H4-1：ダイエット・サイト利用期間が長くなれば，ダイエット行動意図やその規定要因への影響力は，ネットコミュニティの短期機能よりも長期機能の方が大きくなる。

3）方法

（1）調査対象と調査方法

 NECビッグローブが運営する「みんなでダイエッチュ」(http://keitai.biglobe.ne.jp/info/diet/)[1]の利用者に対するアンケート調査を実施した[2]。このサイトにはチーム単位で参加し，携帯電話を使ってチーム掲示板上で互いにコミュニケーションをとることができる。ソーシャル・サポートの観点からは幅広いサービスが提供されていると言える。すなわち，専門家による参考情報である「ダイエットナビ」（情報的サポート），体重変化の記録（道具的サポート），メンバーのはげましやメンバーとの競争，「おめざメール（みんダイ通信）」「ケータイ騎士（ナイト）」「空腹SOS」（以上，狭義の情緒的サポート），目標設定の「意気込み登録」（評価的サポート）といった機能が揃っている。NTTデータの「三健人」などの通常のダイエット・サイトとの最も大きな違いは，コミュニティであるということで，特に情緒的サポートが充実している。

 調査方法はwebアンケートで，2009年1月8日〜22日に実施した。回答者には抽選でamazon商品券500円分の謝礼を提供した。その結果，1,671サンプルの有効回答を得た。

（2）測定尺度

 測定尺度としては，表2-1-1に示したものを用意した。

 「ダイエット行動意図」として，「あなたは現在ダイエットをどの程度まじめにやっていますか？」という質問に対する回答を用い，「大変まじめにや

---

[1]「みんなでダイエッチュ」はベータ版として運営されており，2009年7月31日に一旦サービスを中止している。
[2]アンケート調査を実施するにあたり，NECビッグローブ株式会社宮崎一成様，徳間康晋様，桑原晴代様，根本正成様にご協力をいただきました。ここに心より感謝の意を表します。

っている〜ほとんどまじめにやっていない」の5段階尺度で測定した。

「罹患性の知覚」は「このままダイエットをしないと、自分は太ったままである」という文章に対する「大変そう思う〜全くそう思わない」の5段階尺度での測定結果を用いた。

「重大性の知覚」では「人は太ったままだと、困ったことになる」という文章に対する「大変そう思う〜全くそう思わない」の5段階尺度での測定結果を用いた。

「自己効力感」では「私にはダイエットを続ける自信がある」という文章に対する「大変そう思う〜全くそう思わない」の5段階尺度での測定結果を用いた。

「知覚されたダイエットのプラス面」は，「ダイエットをすることは面白い」という文章に対する「大変そう思う〜全くそう思わない」の5段階尺度での測定結果を用いた。

表2-1-1　変数の定義

変数		尺度	
ダイエット行動意図	あなたは現在ダイエットをどの程度まじめにやっていますか？	5段階	大変まじめにやっている〜ほとんどまじめにやっていない
罹患性の知覚	このままダイエットをしないと，自分は太ったままである	5段階	大変そう思う〜全くそう思わない
重大性の知覚	人は太ったままだと，困ったことになる	5段階	大変そう思う〜全くそう思わない
自己効力感	私にはダイエットを続ける自信がある	5段階	大変そう思う〜全くそう思わない
知覚されたダイエットのプラス面	ダイエットをすることは面白い	5段階	大変そう思う〜全くそう思わない
知覚されたダイエットのマイナス面	ダイエットすることは，私にとって困難である	5段階	大変そう思う〜全くそう思わない
仲間への競争対抗意識	ダイエットで周りの人に負けたくない	5段階	大変当てはまる〜全く当てはまらない
仲間に対するモデリング意図	いろいろなダイエット方法を試してみた経験や評価	6段階	大変役に立った〜全く役に立たなかった，そのような情報は聴いたことがない
運動習慣のライフスタイル定着度	なるべく身体を動かすようにしている	5段階	大変当てはまる〜全く当てはまらない
コントロールできているライフスタイル定着度	自分の生活は自分でコントロールできている	5段階	大変当てはまる〜全く当てはまらない

「知覚されたダイエットのマイナス面」は,「ダイエットすることは、私にとって困難である」という文章に対する「大変そう思う〜全くそう思わない」の5段階尺度での測定結果を用いた。

「仲間への競争対抗意識」については,「ダイエットで周りの人に負けたくない」という文章に対する「大変当てはまる〜全く当てはまらない」の5段階尺度での測定結果を用いた。

「仲間に対するモデリング意図」では,ネットコミュニティ上にある「いろいろなダイエット方法を試してみた経験や評価」の情報について,「大変役に立った〜全く役に立たなかった,そのような情報は聴いたことがない」という6段階の評価結果を用いた。

「運動習慣のライフスタイル定着度」では「なるべく身体を動かすようにしている」という文章に対する「大変当てはまる〜全く当てはまらない」の5段階尺度での測定結果を用いた。

「コントロールできているライフスタイル定着度」では「自分の生活は自分でコントロールできている」という文章に対する「大変当てはまる〜全く当てはまらない」の5段階尺度での測定結果を用いた。

4）結果と考察

以上の準備のもとに分析を行った[3]。

(1) サンプルの概要

このサイトの利用者は女性中心で（91%），10代後半から20代前半が多い（74%）。痩身目的の人が多いが（76%），同時に健康目的も意識している人は53%であった。

8〜9割の人が「重大性」や「罹患性」の知覚があり,「このままではいけない」という危機意識を感じているようである（図2-1-2, 2-1-3）。つまり殆どの人は Prochaska & DiClemente（1983）の「5ステージモデル」の初期段階はクリアしているため,「罹患性の知覚が強ければ,ダイエット行動意図が強くなる（H1-1）」「重大性の知覚が強ければ,ダイエット

---

[3] 分析にはSPSS社のSPSS16.0J, 同AMOS16.0を用いた。

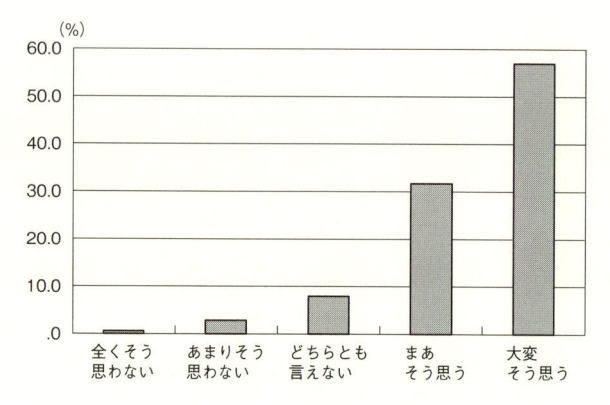

「人は太ったままだと，困ったことになる」(n=1,671)

図2-1-2　「重大性」の知覚

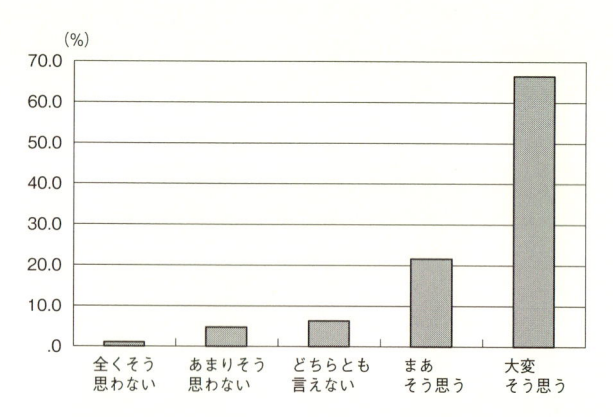

「このままダイエットをしないと，自分は太ったままである」(n=1,671)

図2-1-3　「罹患性」の知覚

行動意図が強くなる（H1-2)」の2つの仮説を検証することができない。よって仮説モデルの「罹患性の知覚」と「重大性の知覚」の分析は省略することにする。

(2) 全体サンプルでの分析

仮説モデルを元にして一部探索的にパス解析を行ったところ，図2-1-4の結果を得た[4]。図中の数字は標準化係数である。全てのパス係数は1％

水準で有意であった。モデルのデータとの適合度は GFI = .992, AGFI = .964, RMSEA = .027であり，十分な適合度があると考えられる。

ダイエット行動意図は自己効力感によって，自己効力感はダイエット行動のプラス面とマイナス面の知覚によって規定されていることが確認できた。またこれらの変数はメンバーとの競争意識，メンバーに対するモデリング，運動についての良い生活習慣の定着，コントロール感の定着などによって規定されていた。よって以下の8つの仮説，「自己効力感が強ければ，ダイエット行動意図が強くなる（H1-3）」「知覚されたダイエットのプラス面が強ければ，自己効力感が強くなる（H1-4）」「知覚されたダイエットのマイナス面が弱ければ，自己効力感が強くなる（H1-5）」「知覚されたダイエットのプラス面が強ければ，知覚されたダイエットのマイナス面が弱くなる（H1-6）」「仲間への競争対抗意識が強ければ，ダイエット行動意図やその規定要因が強くなる（H2-1）」「仲間に対するモデリング意図が強ければ，ダ

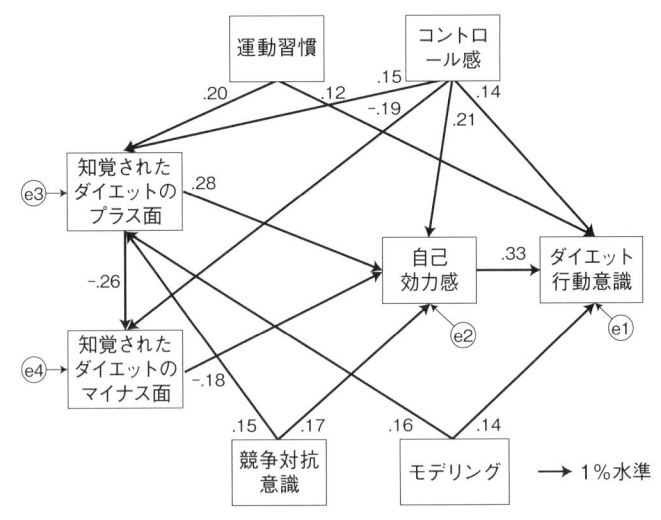

注：数字は標準化係数，全てのパスは1％水準で有意，共分散の仮定は省略。
χ^2 = 108.282, GFI = .992, AGFI = .964, RMSEA = .027（全体，n = 1,671）

図2-1-4 パス解析結果

4）「競争対抗意識」「モデリング」「運動習慣」「コントロール感」の4つの独立変数間に共分散を仮定した。

イエット行動意図やその規定要因が強くなる（H2-2）」「運動習慣のライフスタイルが定着していれば，ダイエット行動意図やその規定要因が強くなる（H3-1）」「自分で自分の生活をコントロールできているライフスタイルが定着していれば，ダイエット行動意図やその規定要因が強くなる（H3-2）」はいずれも支持された。

(3) サービス利用期間別の分析

このサイトを利用し始めてから3ヶ月未満の人が91％であり，長期利用の人は少ない。サービスを利用し始めたばかりの人が1,103人，30日以下の人が411人，31日以上の人が157人である。以下ではこの3つの利用期間別の分析を行う。

サービス利用期間別のダイエット行動意図を見ると，図2-1-5に示すように，サービス利用期間が長くなればなるほど，ダイエット行動意図が高いという傾向が見られる。相関関係であるために断定はできないが，ネットコミュニティによるダイエット支援サービスの効果を示していると言えよう。

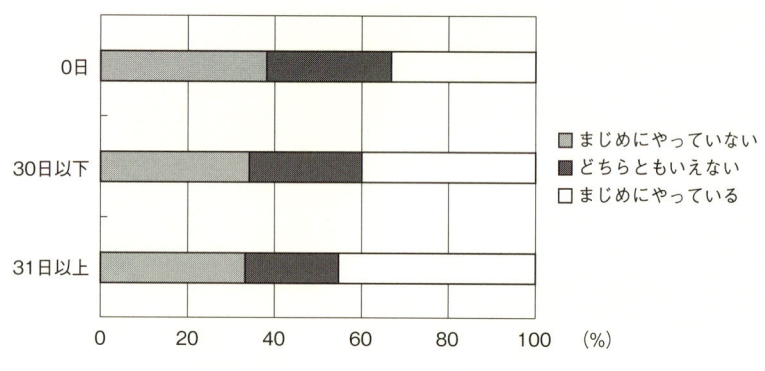

「あなたは現在ダイエットをどの程度まじめにやっていますか？」
（0日 n=1,103，30日以下 n=411，31日以上 n=157）

図2-1-5　サービス利用期間別のダイエット行動意図

全サンプルの調査時点での平均身長は158cm，平均体重は57.7kg，BMIは20～23程度であった。利用期間が短いために，実際の体重減少効果は少ないと考えられる。しかしサービス利用期間別に集計すると，わずかではあ

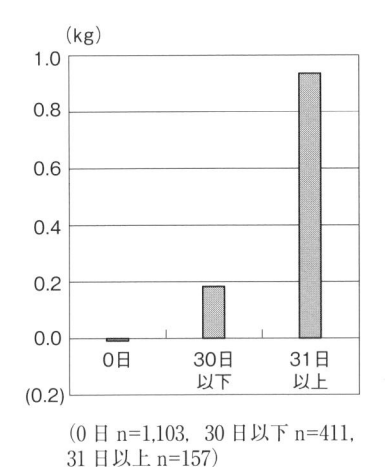

(0日 n=1,103, 30日以下 n=411, 31日以上 n=157)

図2-1-6　サービス利用期間別の体重減少量（kg）

$BMI=（体重\ kg）/（身長\ m）^2$
(0日 n=1,103, 30日以下 n=411, 31日以上 n=157)

図2-1-7　サービス利用期間別のBMI

るがサービス利用期間が長いほど体重減少量[5]が大きく（図2-1-6），サービス利用期間が長いほどBMIの値が小さいという結果が得られた（図2-1-7）。これらの値からも，ネットコミュニティによるダイエット支援サービスの効果が示された。

　ここで全体サンプルに適用した仮説モデルの多母集団分析を行った。まずサービスを利用し始めたばかりの1,103人に限って分析したところ，図2-1-8のように，全てのパスが1％水準で有意となった。

　次にサービスを利用開始30日以下の411人について分析したところ，図2-1-9のように，「運動習慣」から「ダイエット行動意図」へのパス係数のみ5％水準で有意であったが，その他の全てのパス係数が1％水準で有意となった。上記のサービスを利用し始めたばかりの集団とほぼ同じ構造であることが分る。

5）このサイトに登録する時には，現時点での身長と体重を登録することになっている。今回のアンケート調査では現時点での体重を質問しており，この2つの体重の値の差をとることで体重減少量を計算した。

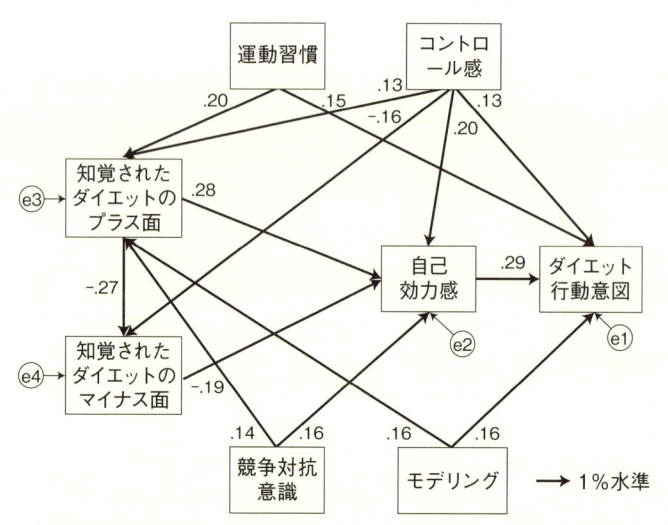

注：数字は標準化係数，全てのパスは1％水準で有意，共分散の仮定は省略。
$\chi^2=108.282$, GFI=.992, AGFI=.964, RMSEA=.027

図2-1-8　サービス利用期間別のパス解析結果（0日，n=1,103）

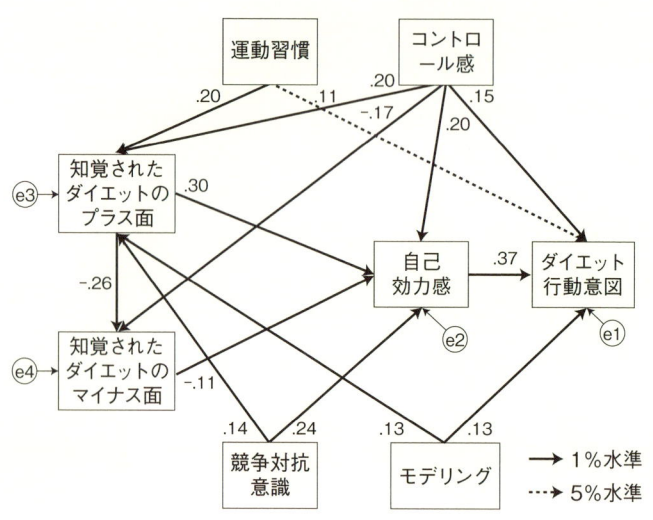

注：数字は標準化係数，一つのパスが5％水準で有意，その他のパスは1％水準で有意，共分散の仮定は省略。
$\chi^2=108.282$, GFI=.992, AGFI=.964, RMSEA=.027

図2-1-9　サービス利用期間別のパス解析結果（1〜30日，n=411）

最後にサービス利用開始31日以上の人157人での分析結果が図2-1-10である。ここでは有意なパスが少ない。1％水準で有意なパスは，「知覚されたダイエットのマイナス面」から「自己効力感」「自己効力感」から「ダイエット行動意図」「コントロール感」から「知覚されたダイエットのマイナス面」と「自己効力感」「競争対抗意識」から「知覚されたダイエットのプラス面」の5本である。5％水準のパスが4本，10％水準のパスが1本である。残る4本のパスは統計的に有意とは言えなかった。なお「競争対抗意識」から「知覚されたダイエットのプラス面」へのパスは1％水準で有意ではあるが，「知覚されたダイエットのプラス面」から「自己効力感」へのパスの有意水準が5％であるため，最終的なダイエット行動意図への影響力は小さい。

　サービス利用期間が1ヶ月を超える人にとっては，仲間同士で競い合うよ

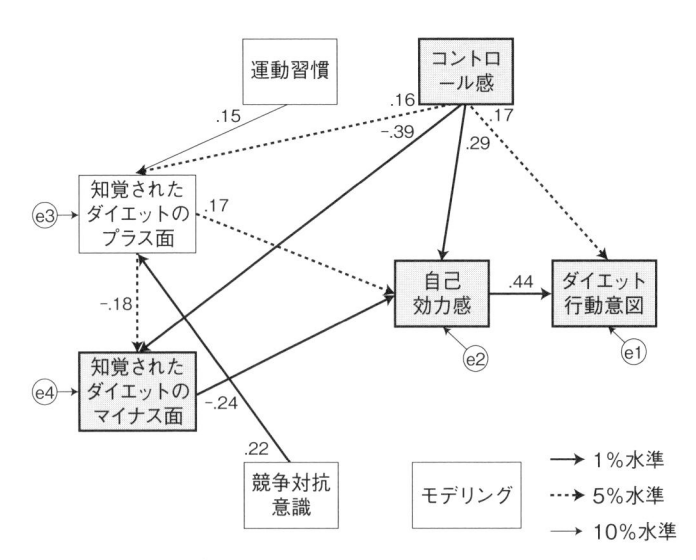

注：数字は標準化係数，各パスの有意水準は凡例の通り，有意でないパスの表記は省略，共分散の仮定は省略。
　　$\chi^2 = 108.282$, GFI=.992, AGFI=.964, RMSEA=.027

図2-1-10　サービス利用期間別のパス解析結果（31日〜，n=157）

うなゲームとしての面白さや運動の面白さは，最早あまり重要ではないと考えられる。モデリングも重視されていないことから，ネットコミュニティによるサポートが無くても，自律的・主体的にダイエット行動を維持している状態になっているようである。

この人たちは，Prochaska, Norcross & DiClemente (1994) の言う「ヘルシー志向の新しい自分」に生まれ変わり，あまり苦労しなくても自分で食事や運動の量をコントロールできている状態に到達しつつあると考えられる。これが新しい価値観，新しいライフスタイルの定着であろう。

新しい価値観を持った人が集まるネットコミュニティに長期間所属すること自体が，新しい健康的なライフスタイルを維持することになるのではないだろうか。例えばスポーツ愛好家のコミュニティに所属していればスポーツをし続けるし，LOHASを重視するコミュニティに所属していれば健康的な生活を送るだろう。

表2-1-2　仮説の検証結果

	仮説	検証結果
H1-1	罹患性の知覚が強ければ，ダイエット行動意図が強くなる。	－
H1-2	重大性の知覚が強ければ，ダイエット行動意図が強くなる。	－
H1-3	自己効力感が強ければ，ダイエット行動意図が強くなる。	○
H1-4	知覚されたダイエットのプラス面が強ければ，自己効力感が強くなる。	○
H1-5	知覚されたダイエットのマイナス面が弱ければ，自己効力感が強くなる。	○
H1-6	知覚されたダイエットのプラス面が強ければ，知覚されたダイエットのマイナス面が弱くなる。	○
H2-1	仲間への競争対抗意識が強ければ，ダイエット行動意図やその規定要因が強くなる。	○
H2-2	仲間に対するモデリング意図が強ければ，ダイエット行動意図やその規定要因が強くなる。	○
H3-1	運動習慣のライフスタイルが定着していれば，ダイエット行動意図やその規定要因が強くなる。	○
H3-2	自分で自分の生活をコントロールできているライフスタイルが定着していれば，ダイエット行動意図やその規定要因が強くなる。	○
H4-1	ダイエット・サイト利用期間が長くなれば，ダイエット行動意図やその規定要因への影響力は，ネットコミュニティの短期機能よりも長期機能の方が大きくなる。	△

このように，仮説「ダイエット・サイト利用期間が長くなれば，ダイエット行動意図やその規定要因への影響力は，ネットコミュニティの短期機能よりも長期機能の方が大きくなる（H4-1）」は部分的に支持されたと考えられる。

以上の仮説の検証結果を表2-1-2にまとめる。

5）結論と今後の課題

以上から，短期的にはネットコミュニティによるソーシャル・サポートが，メンバーとの競争意識や成功しつつあるメンバーに対するモデリングを通じて，ダイエット行動意図を高めるという効果を持つと考えられる。また，運動習慣や，自分で自分の生活をコントロールできているライフスタイルが定着することでも，ダイエット行動意図を高めるという効果を持つことが実証された。

さらに，ネットコミュニティの利用が長くなると新しいライフスタイルが定着し，ネットコミュニティによるサポートが無くても，自律的・主体的にダイエット行動を維持している状態になるという効果が見出された。これはリバウンドが防止されている状態であり，生活習慣病予防のための理想状態に近いと考えられる。

本研究の学術的貢献は以下の通りである。第一に，ダイエット行動に関してBecker & Maiman（1975）のモデルとBandula（1977）のモデルを統合することができた。第二に，Prochaska, Norcross & DiClemente（1994）が提示した「維持期」の状態を定量的に測定することができた。

さらに実務的貢献は以下の通りである。ダイエット行動支援に関するネットコミュニティの効果を特定化し，Prochaska & DiClemente（1983）の「5ステージモデル」に沿ったサービス運営への示唆を与えることができた。特にリバウンドの防止はダイエット行動支援の本質的課題であり，価値観やライフスタイルの変化を目指すという目標設定ができるようになったことは重要な貢献であると考える。

本研究の限界は，第一に，痩身・美容目的が中心の，相対的に切実度の高い，若年女性のデータであったことがあげられる。第二に，サービス利用期

間が短かいサンプルが多かったため，利用期間の効果について精緻な分析が困難であった。第三に，横断面分析であったため，ネットコミュニティのサービス利用とダイエット行動意図との因果関係の方向を特定することが困難であった。

以上から今後は，相対的に切実度の低い，生活習慣病予防を目的とした，中高年を対象とした分析が必要である。第二に，ある程度長い期間のサービス利用を経たサンプルを集める必要がある。第三に，同一サンプルの追跡調査により，リバウンドの規定要因を実際に特定する必要がある。最後に，ネットコミュニティに所属することで社会規範によるライフスタイル定着効果があるならば，「集団同一視尺度」（大石 2001）といった指標と健康的なライフスタイル定着度との間の相関を検証することで，利用期間の効果に関するより精緻な分析が可能となるだろう。

2．ダイエット態度と所属集団の影響

前節では「みんなでダイエッチュ」上のネットコミュニティがダイエット行動の継続に影響を与えていることを示した。一般にコミュニティや所属集団がダイエット行動に影響を与えるメカニズムはどのようなものなのだろうか。本節ではダイエット態度の変容過程における所属集団の影響について実証分析を行う。

1）問題の所在

中高年の生活習慣病予防は国家的課題であると同時に，健康保険組合を維持している民間企業にとっては経営問題でもある。また従業員の健康は健保組合の財政問題であると同時に，人事・労務問題でもある。

特定健診・特定保健指導（通称メタボ健診）が2008年4月から開始された。40歳〜74歳までの健康保険加入者全員を対象としている。健診結果から危険度によりクラス分され，クラスに合った保健指導（介入）を受けることになる。しかし「食事改善」も「運動」も長続きせず，リバウンドしてしまうことが多い。どうしたら皆が健康的な食生活や運動習慣の「維持期」

(Prochaska & DiClemente 1983) に移行できるのだろうか。

太った友人を持つ人が太る可能性はそうでない場合よりも57％高いという（Christakis & Fowler 2007）。「肥満は伝染する」として話題になった研究である。このように人は所属集団の影響を受けて態度変容や行動変容を起こすものであり，ダイエット行動についても例外ではないと考えられる。本研究では特に男性中高年の食事習慣と運動習慣に関わる態度と行動を調査し，「維持期」に向けた習慣化に対するダイエット態度と所属集団の影響を分析することを目的とする。

なお，健康維持・増進（ヘルス・プロモーション）を目的とした肥満解消のためには，インプットの削減である「食事改善（狭義のダイエット）」と，アウトプットの増大である「運動」が必要である。食事改善と運動を合わせて広義にはダイエット行動と称されることが多く，本論でもその用法を採用する。

2）先行研究

(1) ダイエットに対する態度

健康増進の行動の変化には非連続的ステージがあるとされており（Prochaska & DiClemente 1983），厚生労働省をはじめとしてこのモデルが一般的に採用されている。「無関心期，関心期，準備期，行動期，維持期」という5つのステージがあるとされる。「無関心期～行動期」ではダイエット行動に関心を持たせて行動を起こさせる必要があり，相対的に短期的な対処となる。その手法として第一に，「健康信念（ヘルス・ビリーフ）モデル」が提案されている（Becker & Maiman 1975）。第二に「自己効力感（セルフ・エフィカシー）」（Bandula 1977）が注目される（松本 2002）。

ダイエット行動が実行された後は，その行動を長期間維持し，リバウンドを防止しなければならない。例えば，食品を小分けにすることによって無意識のうちに過食を避けるという手法が提案されている（Wansink 2005）。

(2) 所属集団のソーシャルサポート

医師などの専門家の介入以外に，対象者の周辺にいる家族，学校・職場，地域などの様々な関係者によるソーシャルサポートが有効であるとされる。

ソーシャルサポートには，手段的サポート（情報的サポート，道具的サポート）と情緒的サポート（狭義の情緒的サポート，評価的サポート）がある（House 1981）。

近年ブランド・マーケティングの分野では，ブランドに対する態度変容を促すツールとしてネットコミュニティという集団が注目されている（金森 2009）。ダイエット行動に関してもネットコミュニティの効果が注目されており，NECビッグローブの「みんなでダイエッチュ」サービスの利用者を対象とした2009年1月時点での調査結果が報告されている（金森 2011）。「みんなでダイエッチュ」はダイエットをやりたい職場や学校の仲間同士がネット上に登録し，互いに励まし合いながら体重減少を競い合うというサービスである。この調査では1671サンプルについて利用期間別の分析を行っている。その結果，サービス利用期間が長い人は短い人よりダイエット習慣が定着しているとの知覚が強く，わずかではあるがサービス利用期間あたりの体重減少量が大きく，BMI（肥満度）の値も小さいという結果が得られている。

しかしサービス利用期間が長い人は短い人と比べて，競争意識やメンバーのアドバイスがダイエット習慣定着度の知覚を規定する力が小さい。よってこの調査結果からだけでは，何がサービス利用期間が長い人のダイエット習慣定着に効果を発揮しているかが解明できない。ダイエット習慣定着を規定する要因として，所属集団内でのソーシャルサポートの内容に踏み込んだ分析が必要である。

3）仮説

以上のことから，本研究における仮説は以下の4つとなる。第一にProchaska & DiClemente（1983）の「維持期」は良い生活習慣が定着した状態であり，習慣化が肥満などの問題行動抑制の目標とされていることから，「運動と食事の習慣形成がBMI減少に正の影響を与える（H1）」という仮説を設定する。

第二にダイエット行動意図には「健康信念（ヘルス・ビリーフ）モデル」（Becker & Maiman 1975）で指摘されている通り，「重大性，罹患性，プラ

ス面，マイナス面」という4つの変数が影響力を持っている。また「自己効力感（セルフ・エフィカシー）」（Bandula 1977）もダイエット行動意図を規定する変数として重要である。これらのことから，「従来の健康行動モデルの変数であるダイエットに対する態度が習慣形成に影響を与える（H2）」とする。

そして前述のとおり，所属集団は健康を含めた各種の認知的・感情的・行動的態度に強く影響を与え（金森 2009, 金森 2011），また孤独が健康に影響を与えるという研究もあることから（Cacioppo & Patrick 2008），ダイエット行動に対する所属集団の影響に着目することにする。

まず運動については，社会的規範が運動継続に影響を与える（須藤 2008）という報告や，個人種目よりも集団種目の方が習慣化しやすい（林・湊・北村 2006）との報告もあり，「一緒に運動する仲間がいて，誘いを受けると，運動が習慣化する（H3）」との仮説を設定する。

さらに，孤食が健康を阻害する（植田 2000, 伊達・中村・西田・西田・楡井 2002）といった報告や，主婦は「Gate Keeper」として家族の栄養に影響を与えている（Wansink 2005）といった研究もあることから，「一緒に食事をする家族がいて，家族に気遣ってもらっていると，よい食事習慣が形成される（H4）」という仮説を置く。

これらの要因以外にも肥満に影響を与える外生的要因が疫学的研究の成果として多数報告されている。厚生労働省健康管理局（2010）のデータによれば，男性の肥満度のピークは40代であり，50代，60代，30代の順に肥満度が小さくなっていく。また体重の個人差に対し遺伝子は平均で70％も関与しているとされる（蒲原 2001）ように，遺伝の影響は無視できない。これらの要因は，運動習慣や健康的食事習慣とは独立にBMIに直接影響を与える可能性がある。

保健指導の現場では指導対象者から「忙しくて運動できない」という発言がよく聞かれる（松本 2002）。仕事等での拘束時間が長ければ運動習慣の定着が困難であろう。拘束時間はダイエット態度や所属集団の要因とは独立に運動習慣に直接影響を与える可能性がある。

「ホワイトホール研究」では，英国の35〜55歳の公務員男女1万308人に

対して1985〜1999年に4回調査を行っている（近藤 2010）。「仕事が多いにもかかわらず自己裁量の度合いが低く，同僚の助けが少ないと感じる状態」を「慢性的ストレスあり」と判定し，15年間に職業的ストレスが1回ありの人と比べて，2回，3回，4回の人の方が，メタボリック・シンドロームになるオッズ比が1.12倍，1.52倍，2.39倍となる，との結果を報告している。これを受けて近藤（2010）は「生活習慣を変えるよりも職業性ストレスを減らすことの方がメタボリック・シンドローム対策として有効かもしれない」としている。一般に保健指導の現場でも「ストレスがあるとつい食べ過ぎてしまう」との発言がある（松本 2002）。ストレス度はダイエット態度や所属集団の要因とは独立に健康的食事習慣に直接影響を与える可能性がある。

　これらのことから本研究では外生的要因として，年齢，遺伝，拘束時間，ストレス度を取り上げて分析する。

　以上をまとめると図2-2-1のような仮説モデルとなる。

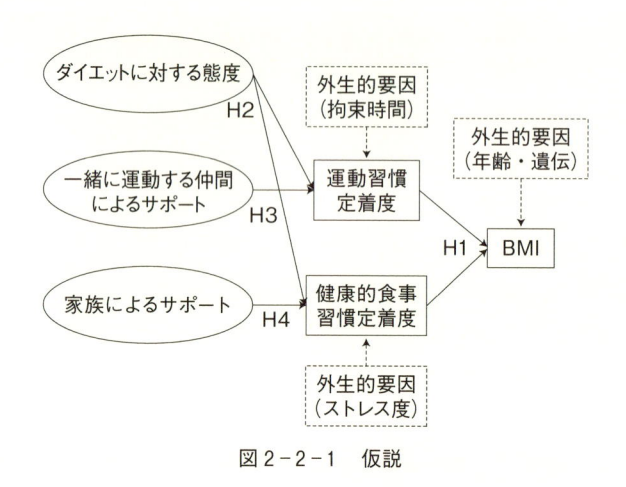

図2-2-1　仮説

4）方法

（1）データ

株式会社ドゥ・ハウスのネットパネルを利用し，全国の30代から60代の男性を対象にwebアンケートを実施した。調査期間は2009年12月18日から25日までである。年代別にサンプルを割り付け，有効回収数は1000サンプルであった。

（2）変数

調査に使用した変数について説明する（表2-2-1）。

①目的変数1（肥満度）

目的変数1は肥満度を表すBMI（Body Mass Index）である。BMI＝（体重kg）÷（身長m）^{2}によって求められる。値が大きいほど肥満度が高いとする。

②目的変数2（ダイエット習慣）

BMIに影響を与えるダイエット行動としては，まず運動習慣定着度として，「努力しなくても習慣的に運動できる」という質問に対して「大変当てはまる〜全く当てはまらない」という値5〜1の5段階尺度を用いた。また健康的食事習慣定着度として，「努力しなくても健康的な食生活を送っている」という質問に対して「大変当てはまる〜全く当てはまらない」という値5〜1の5段階尺度を用いた。

③ダイエットに対する態度

ダイエット行動を規定する，従来の健康行動モデルの変数としては以下の5つを用意した。重大性，罹患性，有益度，障害度，自己効力感である。肥満の重大性については「人は太ったままだと、健康に悪い」という質問に対し「大変そう思う〜全くそう思わない」という値5〜1の5段階尺度である。肥満の罹患性は「このままダイエットをしないと、自分は太ったままである」という質問，ダイエット有益度は「ダイエットをすることは楽しい」，ダイエット障害度は「ダイエットすることは、私にとって困難である」，ダイエット自己効力感は「私にはダイエットを続ける自信がある」という質問を用い，重大性と同じ5段階尺度を用いている。

表2-2-1 変数一覧

分類	変数	定義・質問文	回答選択肢
目的変数1（肥満度）	BMI	(体重kg)÷(身長m)の二乗	—
目的変数2（ダイエット習慣）	運動習慣定着度	努力しなくても習慣的に運動できる。	大変当てはまる～全く当てはまらない（5～1の5段階尺度）
	健康的食事習慣定着度	努力しなくても健康的な食生活を送っている。	大変当てはまる～全く当てはまらない（5～1の5段階尺度）
ダイエットに対する態度	肥満の重大性	人は太ったままだと、健康に悪い。	大変そう思う～全くそう思わない（5～1の5段階尺度）
	肥満の罹患性	このままダイエットしないと、自分は太ったままである。	大変そう思う～全くそう思わない（5～1の5段階尺度）
	ダイエット有益度	ダイエットすることは楽しい。	大変そう思う～全くそう思わない（5～1の5段階尺度）
	ダイエット障害度	ダイエットすることは、私にとって困難である。	大変そう思う～全くそう思わない（5～1の5段階尺度）
	ダイエット自己効力感	私にはダイエットを続ける自信がある。	大変そう思う～全くそう思わない（5～1の5段階尺度）
所属集団の要因（運動）	一緒に運動する仲間の有無	あなたは、運動を一人で行っていますか、それとも団体や集団で一緒に行っていますか。	主に団体や集団で行う、一人で行うことも団体や集団で行うこともある、主に一人で行う、ほとんど運動しない
	一緒に運動する仲間の勧誘頻度	普段一緒に運動する人から、運動への誘いを受けることがありますか。	毎日のように誘われる、1週間に1回以上誘われる、2週間に1回以上誘われる、1ヶ月に1回以上誘われる、半年に1回以上誘われる、ほとんど誘われることはない（6～1の6段階尺度）
	一緒に運動する仲間からの非難の頻度	あなたが運動をしないと、普段一緒に運動する人から避難されることがありますか。	毎日のように非難される、1週間に1回以上非難される、2週間に1回以上非難される、1ヶ月に1回以上非難される、半年に1回以上非難される、ほとんど非難されることはない（6～1の6段階尺度）
	一緒に運動する仲間らの励ましの頻度	普段一緒に運動する人から、運動することについてのはげましを受けることがありますか。	毎日のようにはげまされる、1週間に1回以上はげまされる、2週間に1回以上はげまされる、1ヶ月に1回以上はげまされる、半年に1回以上はげまされる、ほとんどはげまされることはない（6～1の6段階尺度）
所属集団の要因（食事）	一緒に食事をする家族の有無	あなたが自宅で食事をするときには、誰と一緒に食べることが多いですか。	同居の家族、一人で食べる、自宅ではあまり食事をしない
	知覚された家族に大切にされている程度	あなたは一般的に、家族から大切にされていると感じますか。	大変感じる～全く感じない（5～1の5段階尺度）
	食生活についての注意の頻度	あなたの食生活について家族は注意してくれますか。	毎日のように注意される、1週間に1回以上は注意される、2週間に1回以上は注意される、1ヶ月に1回以上は注意される、半年に1回以上は注意される、ほとんど注意されることはない（6～1の6段階尺度）
	食生活改善への励ましの頻度	あなたの食生活の改善について家族ははげましてくれますか。	毎日のようにはげまされる、1週間に1回以上はげまされる、2週間に1回以上はげまされる、1ヶ月に1回以上はげまされる、半年に1回以上はげまされる、ほとんどはげまされることはない（6～1の6段階尺度）
外生的要因	年代	—	30代、40代、50代、60代
	両親肥満度	あなたのお父さんとお母さんは、中年の時期に太っていましたか。	父親だけ太っていた、両親ともに太っていた、母親だけ太っていた、どちらも太っていなかった
	拘束時間	あなたは1日のうちで、仕事・家事・学業・通勤通学などにどのくらい時間を拘束されていますか。定期的な休みの日を除いてお答えください。	12時間以上、9時間以上12時間未満、6時間以上9時間未満、3時間以上6時間未満、3時間未満
	職業性ストレス度	以下の中から、あなたが最近よく感じる項目をお選びください。(右の29項目について○が付いた項目の数、一部逆転)	1. 活気がわいてくる 2. 気分が晴れない 3. 元気がいっぱいだ 4. 仕事が手につかない 5. 生き生きする 6. 悲しいと感じる 7. 怒りを感じる 8. めまいがする 9. 内心腹立たしい 10. 体のふしぶしが痛む 11. イライラしている 12. 頭が重かったり頭痛がする 13. ひどく疲れた 14. 首筋や肩がこる 15. へとへとだ 16. 腰が痛い 17. だるい 18. 目が疲れる 19. 気がはりつめている 20. 動機や息切れがする 21. 不安だ 22. 胃腸の具合が悪い 23. 落ち着かない 24. 食欲が無い 25. ゆううつだ 26. 便秘や下痢をする 27. 何をするのも面倒だ 28. よく眠れない 29. 物事に集中できない

④運動に関わる所属集団の要因

「みんなでダイエッチュ」での発言ログなどを参考に（金森 2011），所属集団の要因としては以下の変数を用いた。運動については「仲間の有無，勧誘，非難，励まし」の4変数である。「仲間の有無」は物理的な指標であり，「勧誘」は具体的な行動であり，いずれも「手段的サポート」(House 1981) である。それらに加えて「非難」は push のサポート，「励まし」は pull のサポートであるが，いずれも「情緒的サポート」(House 1981) である。近年注目される Higgins (1998) の制御焦点理論によれば，一般に動機には「予防的 (preventive)」な動機と「促進的 (promotive)」な動機とがある。生活習慣病を避けたいという予防的動機に働きかけるものが push と pull のサポートであり，より健康になって生活を楽しみたいという促進的動機に働きかけるものが「勧誘」に対応すると考えることができる。

「一緒に運動する仲間の有無」として「あなたは，運動を一人で行っていますか，それとも団体や集団で一緒に行っていますか」という質問に対し「主に団体や集団で行う，一人で行うことも団体や集団で行うこともある，主に一人で行う，ほとんど運動しない」という回答選択肢を設けた。

「一緒に運動する仲間の勧誘頻度」として「普段一緒に運動する人から，運動への誘いを受けることがありますか」について「毎日のように誘われる，1週間に1回以上誘われる，2週間に1回以上誘われる，1ヶ月に1回以上誘われる，半年に1回以上誘われる，ほとんど誘われることはない」のように値6〜1の6段階尺度を用意した。

同様に「一緒に運動する仲間からの非難の頻度」として「あなたが運動をしないと，普段一緒に運動する人から非難されることがありますか」について「毎日のように非難される，1週間に1回以上非難される，2週間に1回以上非難される，1ヶ月に1回以上非難される，半年に1回以上非難される，ほとんど非難されることはない」の値6〜1の6段階尺度を用意した。

さらに「一緒に運動する仲間からの励ましの頻度」として「普段一緒に運動する人から，運動することについてのはげましを受けることがありますか」との質問に対し「毎日のようにはげまされる，1週間に1回以上はげまされる，2週間に1回以上はげまされる，1ヶ月に1回以上はげまされる，

半年に1回以上はげまされる，ほとんどはげまされることはない」の値6〜1の6段階尺度を用意した。

⑤食事に関わる所属集団の要因

食事に関わる所属集団の要因としては，運動の場合と同様に，「家族の有無，大切にされる，注意，励まし」の4変数を用意した。これも物理的な指標，具体的な行動，push のサポート，pull のサポートである。「注意」「励まし」は食事を対象とした「情緒的サポート」であるが，「大切にされている」と知覚されるためには，健康的な食事をとりやすくするための具体的な行動としての「手段的サポート」が必要である。

「一緒に食事をする家族の有無」として「あなたが自宅で食事をするときには，誰と一緒に食べることが多いですか」という質問に対し「同居の家族，一人で食べる，自宅ではあまり食事をしない」という回答選択肢を設けた。

「知覚された家族に大切にされている程度」として「あなたは一般に，家族から大切にされていると感じますか」という質問につき「大変感じる〜全く感じない」という値5〜1の5段階尺度を用いた。

「食生活についての注意の頻度」として「あなたの食生活について家族は注意してくれますか」という質問に対し「毎日のように注意される，1週間に1回以上は注意される，2週間に1回以上は注意される，1ヶ月に1回以上は注意される，半年に1回以上は注意される，ほとんど注意されることはない」という値6〜1の6段階尺度を用意した。

「食生活改善への励ましの頻度」として「あなたの食生活の改善について家族ははげましてくれますか」という質問につき「毎日のようにはげまされる，1週間に1回以上はげまされる，2週間に1回以上はげまされる，1ヶ月に1回以上はげまされる，半年に1回以上はげまされる，ほとんどはげまされることはない」という値6〜1の6段階尺度を用いた。

⑥外生的要因

外生的要因としては，年代，両親肥満度，拘束時間，職業性ストレス度の4変数を用意した。

BMIに影響する要因は年代と両親肥満度の2つである。「年代」について

は，30代，40代，50代，60代という4段階とした。遺伝的要因である「両親の肥満度」では，「あなたのお父さんとお母さんは，中年の時期に太っていましたか」という質問に対し「父親だけ太っていた，両親ともに太っていた，母親だけ太っていた，どちらも太っていなかった」という回答選択肢を設けた。

運動習慣定着度に影響を与える「拘束時間」については「あなたは1日のうちで，仕事・家事・学業・通勤通学などにどのくらい時間を拘束されていますか。定期的な休みの日を除いてお答えください」という質問で「12時間以上，9時間以上12時間未満，6時間以上9時間未満，3時間以上6時間未満，3時間未満」という選択肢を設けた。

健康的食事習慣定着度に影響を与える「職業性ストレス度」については，中央労働災害防止協会（2011）を参考にした。「以下の中から，あなたが最近よく感じる項目をお選びください」として，次にあげる29項目について選択された項目の数を，プラスの表現は－1，マイナスの表現は＋1として合計し，ストレス度とした。すなわち，1. 活気がわいてくる，2. 気分が晴れない，3. 元気がいっぱいだ，4. 仕事が手につかない，5. 生き生きする，6. 悲しいと感じる，7. 怒りを感じる，8. めまいがする，9. 内心腹立たしい，10. 体のふしぶしが痛む，11. イライラしている，12. 頭が重かったり頭痛がする，13. ひどく疲れた，14. 首筋や肩がこる，15. へとへとだ，16. 腰が痛い，17. だるい，18. 目が疲れる，19. 気がはりつめている，20. 動悸や息切れがする，21. 不安だ，22. 胃腸の具合が悪い，23. 落着かない，24. 食欲がない，25. ゆううつだ，26. 便秘や下痢をする，27. 何をするのも面倒だ，28. よく眠れない，29. 物事に集中できない，である。

5）結果

各変数について目的変数とのクロス集計や回答カテゴリー間の平均値の比較を行った上で，重回帰分析とパス解析によって仮説を検証し，合わせてBMIを説明する全体モデルの構築を試みた。

（1）肥満度（BMI）の規定要因

表2-2-2に示す通り，肥満度（BMI）を運動習慣定着度，健康的食事

表2-2-2　BMIの規定要因の偏回帰係数（全体）

	全体 (n=1000)		
	B	標準化係数	t値
定数	25.58	—	74.45
ダイエット習慣 運動習慣定着度	−0.39	−0.13	−4.09*
ダイエット習慣 健康的食事習慣定着度	−0.42	−0.12	−3.79*
R	0.21		

注：従属変数はBMI．*はt値の絶対値が2以上の変数

習慣定着度で説明する重回帰分析を行った。

①ダイエット習慣定着度

　運動習慣定着度，健康的食事習慣定着度についてはいずれの偏回帰係数（B）についてのt値の絶対値も2以上（−4.09，−3.79）で有意となり，係数の符号は負となった。

②外生的要因の統制

　想定した2つの外生的要因（年代，両親の肥満度）について，BMIへの影響度を分析した。「年代」については，40代のBMIの平均が23.78，50代が23.73，60代が23.21，30代が23.05という結果となり，厚生労働省の全国平均データと同様の順序になった。この順に値4〜1を付与してBMIを説明する回帰分析を行った結果，t値が2以上（2.64）となり，有意であった。

　「両親肥満度」については，父親が肥満だった人のBMIの平均が24.34，両親が肥満だった人の場合は24.32，母親が肥満だった人は24.14，両親ともに肥満でなかった人では22.84という結果になった。この回答選択肢の順に値4〜1を付与してBMIを説明する回帰分析を行った結果，t値が2以上（5.88）となり，有意であった。

　このように外生的要因については，年代と両親肥満度がBMIに対して運動習慣や健康的食事習慣とは独立に影響を与えているということが考えられるため，これらの変数について条件を一定にした時のダイエット習慣の影響を分析する必要がある。そこでそれぞれの外生的要因の変数で調査対象者の集団を分割し，各集団ごとに運動習慣と健康的食事習慣とがBMIに与える影響を分析した。

　表2-2-3は年代で3群に分割した各集団ごとの重回帰分析結果である。最も肥満度の高い40〜50代では，運動習慣定着度と健康的食事習慣定着度

の係数が共に2以上となり，有意であった（−4.52, −2.27）。ところが30代では健康的食事習慣定着度の係数は有意であったが（−2.86），運動習慣定着度の係数は有意でなかった（−0.61）。相対的に若い世代であり，基礎代謝量が大きく，日常的にエネルギーのアウトプットが大きいため，運動がBMIに影響を与えない。この世代では運動よりも，エネルギーのインプットの減少である「健康的食事習慣」の定着が効果的である。

60代では運動習慣定着度と健康的食事習慣定着度の両方の係数が有意でなかった（−1.25, −1.29）。高齢になるとエネルギーのアウトプットとインプットをコントロールするだけでは効果が小さく，運動と食事以外のほかの要因によって肥満度が決まるようである。

次に，表2−2−4は両親の肥満度のパターンで3群に分割した各集団ごとの重回帰分析結果である。最も肥満度の低い「両親とも肥満でない」集団では，運動習慣定着度と健康的食事習慣定着度の係数が共に2以上となり，有意であった（−2.19, −3.06）。ところが「母親が肥満」の集団では運動習慣定着度の係数は有意であったが（−2.53），健康的食事習慣定着度の係数は有意でなかった（−1.89）。最もBMIの高い「父親もしくは両親が肥満」の集団でも同様の傾向が見られた（−2.16, −0.94）。

遺伝的に肥満の人は食事の改善ではダイエット効果がなく，運動によるエネルギーのアウトプットの増大の方が効果があるという結果になった。これ

表2−2−3　BMIの規定要因の偏回帰係数（年代別）

		30代 (n=265)			40−50代 (n=480)			60代 (n=255)		
		B	標準化係数	t値	B	標準化係数	t値	B	標準化係数	t値
定数		25.01	−	36.02	26.38	−	53.27	24.46	−	38.13
ダイエット習慣	運動習慣定着度	−0.12	−0.04	−0.61	−0.63	−0.21	−4.52*	−0.20	−0.08	−1.25
	健康的食事習慣定着度	−0.67	−0.18	−2.86*	−0.38	−0.11	−2.27*	−0.23	−0.08	−1.29
R		0.20			0.26			0.13		

注：従属変数はBMI．*はt値の絶対値が2以上の変数

表2−2−4　BMIの規定要因の偏回帰係数（両親肥満度別）

		両親とも肥満でない (n=579)			母親が肥満 (n=205)			父親もしくは両親が肥満 (n=216)		
		B	標準化係数	t値	B	標準化係数	t値	B	標準化係数	t値
定数		24.59	−	59.59	27.18	−	30.76	26.05	−	35.67
ダイエット習慣	運動習慣定着度	−0.25	−0.09	−2.19*	−0.06	−0.18	−2.53*	−0.44	−0.15	−2.16*
	健康的食事習慣定着度	−0.39	−0.13	−3.06*	−0.55	−0.13	−1.89	−0.24	−0.07	−0.94
R		0.18			0.26			0.19		

注：従属変数はBMI．*はt値の絶対値が2以上の変数

が体質によるものか，生育環境が「健康的食事習慣」の主観的定義に影響を与えているためであるのか，今回の調査からは判断できない。

（2）運動習慣定着度の規定要因

表2-2-5に示す通り，運動習慣定着度をダイエット態度と所属集団の要因で説明する重回帰分析を行った。

①ダイエット態度

偏回帰係数の t 値の絶対値が2以上の変数は，肥満の罹患性（−4.31），ダイエット有益度（4.00），ダイエット障害度（−3.05），ダイエット自己効力感（4.84）であった。

肥満の重大性については有意とならなかった（0.74）。「大変そう思う」と「そう思う」の回答を合わせると78％となり，30〜60代の男性にとって「太ったままだと健康に悪い」という考えは一般的であるため，運動習慣定着には影響がなかった。

有意となった肥満の罹患性の係数については，仮説とは符号が逆になった。運動習慣のある人は「自分は太っていない」と考え，運動習慣のない人は「このままでは自分は太ったままだ」と考えているという自明の結果が現れたようである。

②所属集団の要因

「一緒に運動する仲間の有無」については，5段階の運動習慣定着度の平均値を求めると，「一人で行うことも団体や集団で行うこともある」3.18，「主に団体や集団で行う」2.94，「主に一人で行う」2.77，「ほとんど運動しない」1.96となった。一人で行うよりは集団で行う方が運動頻度は高いが，いつも集団で行っているとスケジュール調整などの制約から運動頻度が抑制され，一人でも運動を行っている人の方が頻度が高まるという傾向が見てとれる[6]。この回答選択肢の順に値4〜1を付与して回帰した結果，t 値が2以上（7.19）となり，有意であった。

---

[6] ただし，5段階の運動習慣定着度の平均値を運動種目別に求めると，「室内トレーニング，エクササイズ，フィットネス，エアロビクス，ダンス」3.05，「ゴルフ，ボウリング，野球，テニス，バドミントン，卓球，サッカー，バレーボール，バスケットボールなどの球技」3.04，「ウォーキング，登山，ジョギング，サイクリング，トライアスロン，陸上競技」3.01となった。運動種目による運動習慣定着度の差は少ない。

表2-2-5　運動習慣定着度の規定要因の偏回帰係数

		B	標準化係数	t値
定数		1.57	—	7.05
ダイエット態度	肥満の重大性	0.03	0.02	0.74
	肥満の罹患性	−0.11	−0.13	−4.31*
	ダイエット有益度	0.14	0.12	4.00*
	ダイエット障害度	−0.11	−0.11	−3.05*
	ダイエット自己効力感	0.19	0.17	4.84*
所属集団の要因	一緒に運動する仲間の有無	0.32	0.32	7.19*
	一緒に運動する仲間の勧誘頻度	0.08	0.10	1.87
	一緒に運動する仲間からの非難の頻度	−0.15	−0.10	−2.16*
	一緒に運動する仲間からの励ましの頻度	−0.01	−0.01	−0.11

注：従属変数は運動習慣定着度，$R = .53$，*は t 値の絶対値が2以上の変数，$n = 1000$

「一緒に運動する仲間からの非難の頻度」についても t 値の絶対値が2をわずかに超えて（−2.16）有意となり，仮説とは逆の符号となった。30〜60代の男性にとって，仲間からの非難は運動習慣定着に逆効果である。

その他「一緒に運動する仲間の勧誘頻度」については，t 値が1.87となり，わずかに有意とする水準を下回った。「一緒に運動する仲間からの励ましの頻度」についても有意とならなかった（−0.11）。一緒に運動する人数という眼に見える具体的なサポートの方が，非難や励ましという情緒的サポートよりも効果があると考えられる。

③外生的要因の統制

「拘束時間」については，「運動習慣定着度」とのクロス集計を行い χ^2 検定を行ったが，10％水準でも有意とはならなかった。今回の対象者からは「時間がなくて運動できない」という結果は得られなかった。

（3）健康的食事習慣定着度の規定要因

表2-2-6に示す通り，健康的食事習慣定着度をダイエット態度と所属集団の要因で説明する重回帰分析を行った。

①ダイエット態度

偏回帰係数について t 値の絶対値が2以上の変数は，肥満の罹患性（−6.53），ダイエット自己効力感（3.91）であった。ただし肥満の罹患性の係数については仮説とは符号が逆になった。重大性の t 値は2未満（−0.82）であった。重大性と罹患性については，運動の場合と同様に解釈できる。

表 2-2-6　健康的食事習慣定着度の規定要因の偏回帰係数（全体）

		全体 (n=1000)		
		B	標準化係数	t 値
定数		1.43	—	5.43
ダイエット態度	肥満の重大性	−0.03	−0.03	−0.82
	肥満の罹患性	−0.16	−0.22	−6.53*
	ダイエット有益度	0.05	0.06	1.69
	ダイエット障害度	0.03	0.04	1.00
	ダイエット自己効力感	0.14	0.15	3.91*
所属集団の要因	一緒に食事をする家族の有無	0.29	0.15	4.69*
	知覚された家族に大切にされている程度	0.13	0.15	4.57*
	食生活についての注意の頻度	0.02	0.03	0.83
	食生活改善への励ましの頻度	−0.02	−0.04	−0.99
R		0.37		

注：従属変数は健康的食事習慣定着度．＊はt値の絶対値が2以上の変数

　運動の場合と異なり，ダイエット有益度，ダイエット障害度はいずれも有意とならなかった（1.69, 1.00）。運動よりも食事の方が，取り組みの楽しさや難しさが習慣に与える影響が少ない。

②所属集団の要因

　「一緒に食事をする家族の有無」については，5段階の健康的食事習慣定着度の平均値を求めると，「同居の家族」2.87，「一人で食べる」2.46，「自宅ではあまり食事をしない」2.22となった。この回答選択肢の順に値3〜1を付与して回帰した結果，t値が2以上（4.69）となり，有意であった。

　知覚された家族に大切にされている程度についても，t値が2以上（4.57）となり，有意であった。「食生活についての注意の頻度」と「食生活改善への励ましの頻度」については有意にならなかった（0.83，−0.99）。「家族に大切にされている」という知覚は「励まし」や「非難」といった情緒的サポートではなく，いろいろな気遣いが現れた行動による手段的サポートによるものであろう。運動の場合と同様に，眼に見える具体的な行動によるサポートが効果的であると考えられる。

③外生的要因の統制

　「職業性ストレス度」について「健康的食事習慣定着度」とのクロス集計を行いχ^2検定を行った結果，1％水準で有意となった。確かにストレスは食事習慣に直接影響を与えている。そこで「職業性ストレス度」で調査対象者の集団を分割し，各集団ごとにダイエット態度と所属集団の要因とが健康

表 2-2-7　健康的食事習慣定着度の規定要因の偏回帰係数（職業性ストレス度別）

		高ストレス群 (n=691)			低ストレス群 (n=309)		
		B	標準化係数	t 値	B	標準化係数	t 値
定数		1.65	−	5.31	1.12	−	2.22
ダイエット態度	肥満の重大性	−0.01	−0.01	−0.33	0.01	0.01	0.14
	肥満の罹患性	−0.14	−0.20	−4.68*	−0.15	−0.22	−3.52*
	ダイエット有益度	0.06	0.06	1.46	0.03	0.03	0.45
	ダイエット障害度	−0.01	−0.02	−0.32	0.12	0.13	2.05*
	ダイエット自己効力感	0.09	0.10	2.03*	0.20	0.20	3.05*
所属集団の要因	一緒に食事をする家族の有無	0.30	0.16	4.16*	0.22	0.10	1.68
	知覚された家族に大切にされている程度	0.10	0.11	2.86*	0.19	0.21	3.59*
	食生活についての注意の頻度	−0.05	−0.09	−1.95	0.06	0.11	1.30
	食生活改善への励ましの頻度	0.04	0.07	1.40	−0.05	−0.10	−1.09
R		0.34			0.39		

注：従属変数は健康的食事習慣定着度．＊は t 値の絶対値が 2 以上の変数

的食事習慣に与える影響を分析した．「職業性ストレス度」の合計点が 1 未満の人の「健康的食事習慣定着度（5 段階尺度）」の平均点は3.29, ストレス度合計点が 1 の人の平均点は2.96, ストレス度合計点が 2～3 の人の平均点は2.70, ストレス度合計点 4～5 の人の平均点は2.63, ストレス度合計点 6 以上の人の平均点は2.51であった．この結果から，「健康的食事習慣定着度」の値が非連続に変化している「ストレス度」を分割の基準点とした．すなわち，ストレス度合計点が 1 以下の集団を「低ストレス群」とし，ストレス度合計点が 2 以上の集団を「高ストレス群」とした．

　表 2-2-7 は「職業性ストレス度」で 2 群に分割した各集団ごとの重回帰分析結果である．高ストレス群では表 2-2-6 の全体サンプルの傾向と同様の結果が得られた．一方低ストレス群では，「ダイエット障害度」の t 値が2.05とわずかに 2 以上で有意となり，かつ仮説とは逆の符号（正）となった．また「一緒に食事をする家族の有無」については，有意とならなかった(1.68)．

　低ストレス群の特徴を分析すると，低ストレス群の80％が同居の家族と食事をしており，高ストレス群と比べて一緒に食事をする家族の有無に関するばらつきが小さい．また低ストレス群の平均年齢は高ストレス群よりも若干高い傾向が見られた（有意水準10％）．年齢の高い人の方が相対的に職業的ストレスがない生活を送っており，独身比率が低く，家族と一緒に食事をする機会が多い．その結果「一緒に食事をする家族の有無」は「健康的食事

習慣定着度」に影響をあたえにくい。

　「ダイエット障害度」については，低ストレス群では「ダイエットすることは私にとって困難である」と思っている人ほど，かえって「努力しなくても健康的な食生活を送っている」と思っているという結果になった。「ダイエット自己効力感」は「健康的食事習慣定着度」に強く影響を与えており，一緒に食事をする同居家族人数が多いことから，低ストレス群には「ダイエットが難しいからこそ意図的に健康的な食事を送る必要があるし，そうできる自信がある」と考えている人が多いようである。

(4) 全体モデル

　以上の検討を踏まえて，ダイエット行動と肥満度に関する全体モデルを構築するためパス解析を行った。その結果が図2-2-2の全体モデルである。

　ダイエット態度としてはダイエット有益度，ダイエット障害度，ダイエット自己効力感の3つを用いた。所属集団の要因としては，運動については「一緒に運動する仲間の非難」と「一緒に運動する仲間の有無」を，食事については「知覚された家族に大切にされている程度」と「一緒に食事をする家族の有無」を用いた。

　モデルとデータの適合度はGFIが0.99，AGFIが0.97，RMSEAが0.04と十分なレベルにあり，「一緒に運動する仲間の非難」から「運動習慣定着度」へのパスを除く全てのパスが1％水準で有意となった。なお図に示す通り，共分散の仮定を置いてモデルの適合度を改善する工夫を行った。

　重回帰分析と同様に外生的要因に関わる変数を一定にした場合のパス解析を行うと，表2-2-3，4，7と同様の傾向が現れ，30代，60代，親が肥満だった人，低ストレス群においては該当するパス係数が有意にならなかった。

　以上の重回帰分析とパス解析の結果から，仮説1「運動と食事の習慣形成がBMI減少に正の影響を与える」は，40～50代と，両親が肥満でない人については支持された。30代については「食事」の改善のみが，両親が肥満の人については「運動」のみがBMIに影響を与えていたため，仮説は部分的に支持された。60代については仮説が支持されなかった。

　仮説2「従来の健康行動モデルの変数であるダイエットに対する態度が習

慣形成に影響を与える」については，「運動習慣」についてはダイエット有害度，ダイエット障害度，ダイエット自己効力感が影響を与え，「食事習慣」についてはダイエット自己効力感が影響を与えるという結果になり，仮説は部分的に支持された。

仮説3「一緒に運動する仲間がいて，誘いを受けると，運動が習慣化する」については，「一緒に運動する仲間の有無」が運動習慣を規定していることが確認されたため，仮説は部分的に支持された。

仮説4「一緒に食事をする家族がいて，家族に気遣ってもらっていると，よい食事習慣が形成される」については，比較的若い「高ストレス群」では「一緒に食事をする家族の有無」と「家族に大切にされている程度」が食事習慣を規定していたが，相対的に高齢の「低ストレス群」では「一緒の食事をする家族の有無」について改善の余地は少ないために規定力が小さく，仮

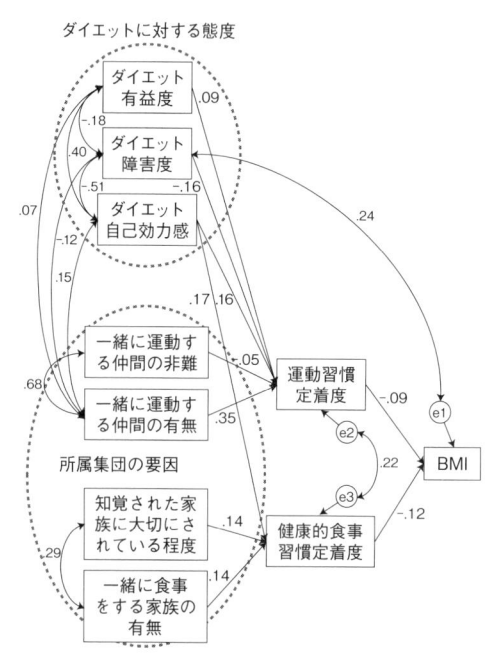

注：GFI=.99，AGFI=.97，RMSEA=.04，n=1000，χ^2=65.24，自由度 =25，数字は標準化係数，実線のパスは1％水準で有意。

図2-2-2　全体モデル

説は部分的に支持された。

標準化パス係数を見ると，習慣定着にはダイエット態度（ダイエット有益度・障害度，自己効力感）と同様に，所属集団やその行動といった手段的サポートが影響している。特に「一緒に運動する仲間の有無」が運動習慣に与える影響は大きい（0.35）。

「仲間の非難」と「仲間の有無」の相関が高い（0.68）ことから，仲間がいると非難されることも増えるが，非難の運動習慣に対する負の効果はほとんどない（−0.05）ため，仲間を増やすことは効果的であると考えることができる。

さらに，ダイエット態度と運動にかかわる所属集団の要因との間に多数の相関関係があることから，ダイエットの面白さや難しさは食事よりも運動と結びついていることが分かる。

6）結論と今後の課題

リバウンドを防ぐためには運動と食事の習慣形成が必要で，習慣が形成されれば BMI は低くなる。そのためには第一に一緒に運動する仲間がいることが効果的である。第二に一緒に食事をする家族がいて，家族に気遣ってもらっていると感じられるとよい食事行動が習慣化する。第三にダイエットは面白く，難しくないものだと感じさせ，続けられるという自信を持たせることが重要である。特に運動においてはその面白さの認知を高めて難しさの認知を低くすることができれば運動習慣定着に寄与する。

このように，健康に良い生活習慣の形成には所属集団による手段的サポートが情緒的サポートよりも効果的であることが確認できた。一人だけで日常的に意識してダイエットの努力を継続することは困難であり，所属している集団のサポートを得て，無意識のうちに良い生活習慣を継続できるようにすることが必要である。所属集団によるサポートは一種の「無意識のダイエット」であると考えられ，Wansink（2005）が提案する解決策（食べ物を見えないように隠す，食器や食品の包装を小さくする等）の別解であると言えよう。

ダイエットに対する態度の変数の中では，重大性については効果がなく，

罹患性については自明の結果が表れた。中高年男性に対して「強制」や「教育」によって重大性・罹患性を高める介入を行うよりも，運動の楽しさの認知を高めて難しさの認知を低め，自信をつけさせ，仲間との運動や家族との食事を促進する方が効果的である。その意味で，強制・教育するのではなく，自然とダイエットがやりたくなるような「ソーシャルマーケティング」（武見 2003）の効果が大きいと言うことができよう。

　外生的要因については，40〜50代という最も太っている人については運動と食事改善の効果があるが，太っている人の少ない60代の人には運動と食事改善の効果がなく，同様に太っている人が少なく，基礎代謝量の大きい30代に人には運動よりも食事改善の効果が大きい。また，健康的食事習慣が定着しにくい高いストレス群については自己効力感と家族の効果が認められたが，相対的に高年齢である低ストレス群については家族環境について改善する余地が小さい。さらに，親が肥満であった人には食事改善が効果がなく，運動によるダイエットは効果がある。

　これらの結果からターゲットに合わせて運動や食事改善を組み合わせた指導が可能であるが，60代は運動や食事改善の効果が出にくく，指導が困難であることが分かった。

　このようにダイエット態度，所属集団という2つの要因で物理的な BMI を総合的に説明することができた。しかし今回の研究では運動と食事に関する全体構造を把握することを主目的としたため，所属集団の要因についての変数などの精緻化が不十分であった。例えば一緒に運動する仲間の人数があまりに多くなれば，集団としての求心力がなくなってサポートが困難になるため，適正規模があると考えられる。仲間からの勧誘頻度については統計的に有意とならなかったが，勧誘の仕方によっては運動習慣に影響を与える可能性がある。また食事については，「健康的食事習慣」の内容（カロリー，栄養素など）が今回の調査では具体的でない。家族内で主に食事を作る人の調理能力によってもダイエット効果が異なると考えられる。「家族に大切にされている」の認識には，具体的に家族のどのような行動が寄与しているのかが不明である。これらの変数と仮説を精緻化していくことが今後の課題である。

60代の人々の肥満の規定要因は，本研究においては明確にならなかった。ダイエット態度と所属集団の要因に関わる変数の精緻化とともに，別の個人差要因を探索する必要がある。

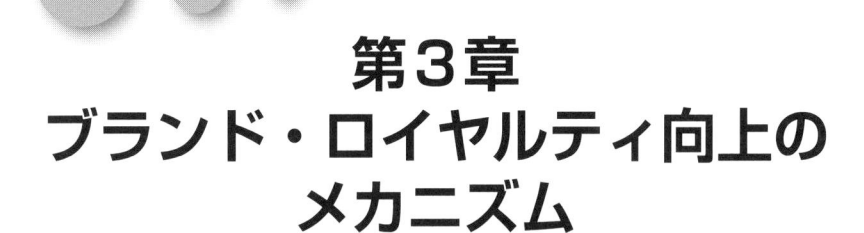

第3章
ブランド・ロイヤルティ向上のメカニズム
コミュニティの果たす役割

　第2章で示したように，所属集団やコミュニティがダイエット行動の永続性に強い影響を与えていると考えられる。そこで本章では，コミュニティがブランド・ロイヤルティの永続性を規定するメカニズムについて明らかにする。特にコミュニティが「DART」（Prahalad & Ramaswamy 2004）やブランドの「経験価値」（Schmitt 1999）を充実させ，その結果としてブランド・ロイヤルティが向上することを，ICカード，スポーツ・コミュニティ，外食，通信添削サービスなどの各業種において実証する。

1．実証ケース1：DARTによるブランド経験
―ブランド・ジャパン2010年度総合ランキングなどより

1）問題の所在

　本節では，コミュニティへの所属によって態度変容が起こる背景として，「DART」と「ブランド経験」に注目する。「DART」や「経験価値」に関する先行研究を概観した上で，それらを統合した仮説モデルを構築し，「ブランド・ジャパン2010年度総合ランキング」などから抽出した10ブランドについてその構造を実証する（金森 2012b）。

2）ブランド論の変遷

(1) ブランドの位置づけ

ブランドの捉え方について，青木（2011）は3つの時代があったとしている（表3-1-1）。すなわち，1985年までは「手段としてのブランド」，1985年から1995年までは「結果としてのブランド」，そして1996年以降は「起点としてのブランド」である。

第3期の「起点としてのブランド」は，ブランド・アイデンティティに注目する。各種マーケティング活動やその他の企業活動の結果としてブランドが構築されるというだけでなく，最初から明確なブランド・アイデンティティを定義し，それを実現するべく全社の組織が統合的に機能することを想定している。ブランドは結果ではなく，戦略の起点となった。

表3-1-1　ブランド論の変遷

時代区分	～1985年 手段としてのブランド	1985～95年 結果としてのブランド	1996年～ 起点としてのブランド
主たるブランド概念	ブランド・ロイヤルティ ブランド・イメージ	ブランド・エクイティ	ブランド・アイデンティティ
ブランド認識	断片的認識 マーケティングの手段	統合的認識 マーケティングの結果	統合的認識 マーケティングの起点

出所：青木（2011）

(2) ブランディング活動

次に，ブランド価値を高める活動，すなわちブランディング活動について整理する。

Keller（2003）は顧客ベースのブランド価値に注目し，顧客のブランド知識構造を差別化の源泉として分析対象にした。その最終形が「ブランド・ビルディング・ブロック」（図3-1-1）であり，そこでブランド構築のステップを明示した。最後に消費者とブランドとの間に共鳴（レゾナンス）が生まれ，この状態に至るとブランドは永続的に顧客を維持することができるようになる。

最終的にブランドと顧客との共鳴・共感が形成され，その結果としてブラ

出所：Keller（2003）

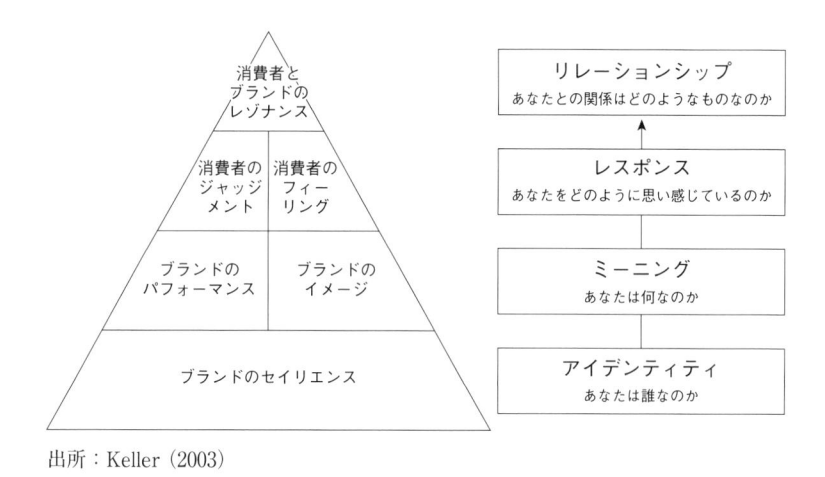

図3-1-1　顧客ベースのブランド・エクイティ・ピラミッド

ンドの活動に顧客が心理的に「参加」している状態が，ブランディング活動の最終目標であると言えよう。「参加」に注目したMuniz & O'guinn（2001）は，「ブランド・コミュニティ」がリアルにもバーチャルにも存在することを報告している。コミュニティ内の消費者は実際に顔を合わせる必要はなく，相互にコミュニケーションがなくてもよい。消費者にとって特定ブランドの顧客であるという一体感があるとき，ブランド・コミュニティが形成されている。ブランド・コミュニティでは「仲間意識」「儀式と伝統」「倫理的責任」といった特徴が共通して観察される。

　実践的には，どのような活動を行えば「共鳴」状態になるのだろうか。その一つの解が「経験価値マーケティング」（Schmitt 1999）である。Schmitt（1999）も顧客視点でブランド価値を捉えており，顧客の経験するブランドの価値には5つの「戦略的経験価値モジュール（SEM）」があるとしてる（表3-1-2）。特に「RELATE」は，Keller（2003）の「レゾナンス」やMuniz & O'guinn（2001）の「ブランド・コミュニティ」に対応しており，特定のブランドを核としたコミュニティに属しているという感覚が存在する状態であると考えられる。

表3-1-2 経験価値モジュール

戦略的経験価値モジュール（SEM）		マーケティング手法
SENSE	感覚的経験価値	視覚，聴覚，触覚，味覚，嗅覚を通じて感覚的経験価値を生み出すために感覚に訴えること。
FEEL	情緒的経験価値	ブランドと結びついたどちらかといえばポジティブな気分から，喜びや誇りといった強い感情までの情緒的経験価値を生み出すために，顧客の内面にあるフィーリングや感情への訴求を行うこと。
THINK	創造的・認知的経験価値	顧客の創造力を引き出す認知的，問題解決的経験価値を通して顧客の知性に訴求すること。
ACT	肉体的経験価値とライフスタイル全般	肉体的な経験価値，ライフスタイル，そして他の人との相互作用に訴えること。
RELATE	準拠集団や文化との関連づけ	個人の私的なフィーリングを対象にするだけでなく，自分の理想像や他の人，あるいは特定の文化やグループに属しているという感覚を個人に持ってもらうこと。

出所：Schmitt (1999)

　後に Brakus, Schmitt & Zarantonello (2009) は，これらのブランド経験の強度がブランド・パーソナリティや顧客満足度を経由して，ブランド・ロイヤルティを規定するという実証研究結果を発表している（図3-1-2）。

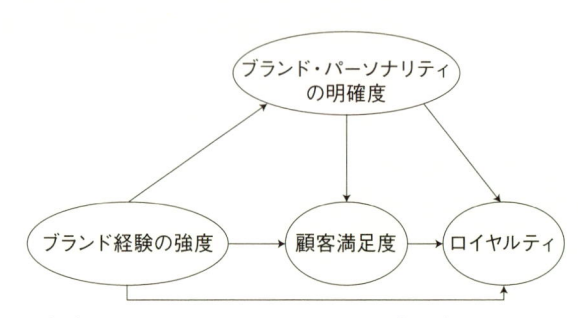

出所：Brakus, Schmitt & Zarantonello (2009)
図3-1-2　ブランド経験モデル

　しかし，さらに疑問が生じる。こうしたブランド経験を強化するには，具体的にどのような方法があるのだろうか。特に「レゾナンス」「コミュニティ参加」「RERATE」を強化するために有効な手法はあるのだろうか。

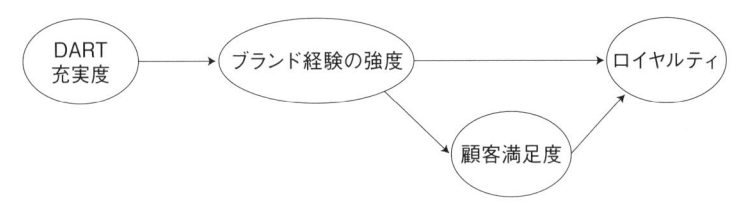

図3-1-4　仮説モデル

```
DART充実度 → ブランド経験の強度 → ロイヤルティ
              ブランド経験の強度 → 顧客満足度 → ロイヤルティ
```

しかしこの仮説モデルは，ブランドの種類によって構造が異なるように考えられる。Tybout & Carpenter (2001) は，ブランドを「機能ブランド，経験ブランド，イメージブランド」に分類している（表3-1-4）。

図3-1-4の仮説モデルとの対応では，機能ブランドでは「ブランド経験の強度」が直接に「ロイヤルティ」に与える影響よりも，製品の品質よって形成された「顧客満足度」が「ロイヤルティ」に与える影響の方が大きいと考えられる。一方イメージブランドと経験ブランドについては，逆に「ブランド経験」が重要になると考えられる。

表3-1-4　ブランドのタイプ

ブランド・タイプ	例	差別化の基礎	マーケティング・ミックスの重点	消費者のニーズと関与	経営上の課題
機能ブランド	タイド，ジレット・マッハ3，マクドナルド，デル・コンピュータ，BIC，GE	優れた機能もしくは経済性	製品，価格，流通	生理的または安全欲求，相対的に低関与	優位性の基礎の維持
イメージブランド	マツダ・ミアタ，ウォークマン，ナイキ，アップル，コーク，ペプシ，ラルフ・ローレン，アンダーセン・コンサルティング，GM，BMW	望ましいイメージ	コミュニケーション	社会的または自我欲求，中・高関与	ブランドの歴史的資産と変化する環境への対応とのバランス
経験ブランド	ディズニー，サターン，エリザベス・アーデン，ヴァージン・アトランティック航空，スターバックス，リッツ・カールトン	ユニークな経験	サービス提供（場所および人間）	自己現実欲求，中・高関与	提供の一貫性，消費者満足のリスク

出所：Tybout & Carpenter (2001) より作成

1）実際に今回の実証研究ではブランド・パーソナリティの項目を含むモデルの適合度は低かった。

4）調査方法

以上の仮説を検証するために実施した実証研究の結果について述べる。

（1）調査の概要

調査対象となるブランドは，日経BPコンサルティング（2011）の「ブランド・ジャパン2010年度総合ランキング（BtoC）」より，ユニクロ（1位），グーグル（2位），スタジオジブリ（3位），ソニー（4位），マクドナルド（7位）の5つのブランドを選択した。その他20位までのブランドのランキングにはICT関連と飲料食品が多くなるため，携帯電話，金融，大学，電鉄，医薬といった他の業種から任意に5ブランドを選択した。その結果，今回調査の対象としたブランドは，表3-1-5に示す10ブランドである。

表3-1-5 対象ブランド

	ブランド	業種		ブランド	業種
1.	ユニクロ	アパレル	6.	ソフトバンク	携帯電話
2.	グーグル	ネット	7.	三菱東京UFJ銀行	金融
3.	スタジオジブリ	映画	8.	慶應義塾	大学
4.	ソニー	電機	9.	小田急電鉄	電鉄
5.	マクドナルド	飲食	10.	大塚製薬	医薬

事前に28サンプルのプレサーベイを行って調査項目の検討をした後に，インターネット調査を実施した。対象はマクロミル社の全国の調査パネルであり，20歳～69歳について各ブランドを「知っている」と回答したサンプルが男女150人以上になるように設定した。1人が複数ブランドについて回答することはないようにしてある。2011年2月7日から14日にかけて事前調査を行ってサンプリングし，2月14日と15日に本調査を実施し，各ブランドの男女155人ずつ，合計で3100サンプルの有効回答を得た。

（2）尺度

DART充実度については，Prahalad & Ramaswamy（2004）を用いて表3-1-6に示す項目を用いた。「あてはまる」から「あてはまらない」までの5段階尺度で回答を得た。

表3-1-6 価値共創のDARTの尺度

対話 (Dialogue)	このブランドの関係者から連絡をもらったことがある
	このブランドは私の望みを知っている
	このブランドのことはよく知っている
	このブランドの関係者に連絡したり話したりしたことがある
	このブランドを使っている（持っている）人と話したりしたことがある
	私にはこのブランドの開発や改良に参加している気持ちがある
	このブランドを選んだ人は私の仲間であると感じる
	私はこのブランドを他人に勧めたことがある
アクセス (Access)	このブランドの担当者には連絡できる
	このブランドの関係者を知っている
	このブランドの商品・サービスはどのような人が提供しているか知っている
	このブランドの商品・サービスを提供している会社や組織を知っている
	このブランドがどこで自分のものにできるかを知っている
リスクマネジメント (Risk management)	このブランドを選んだり使ったりすることによるデメリットはよく分かっている
	このブランドの商品・サービスに不具合があったとき，どうしたらよいか分かっている
	このブランドを選んだり手に入れたりする際には，十分に検討できるだけの情報がある
	このブランドを選んだり使ったりするためにやらなければならないことは分かっている
	このブランドの価格体系は良く分かっている
透明性 (Transparency)	このブランドの商品・サービスの品質は良く知っている
	このブランドの商品はどんな手順で作られているかを知っている*
	このブランドの商品・サービスはどのような方法で用意され，提供されているかを知っている
	このブランドの商品・サービスを用意するためにどのような費用がかかっているかを知っている
	このブランドの商品・サービスはどのような技術をもとにして用意され，提供されているかを知っている

注：*は類似の項目があるために削除した。
出所：Prahalad & Ramaswamy（2004）

　ブランド経験価値の強度については，Schmitt（1999）を用いた。表3-1-7に示すとおりである。「そう思う」から「そう思わない」までの5段階尺度とした。なおオリジナルの尺度ではいくつかの項目で否定形（逆転項目）を用いているが，プレサーベイを実施した結果，否定形は分かりにくいことが判明したため，に否定形（逆転項目）を肯定形に修正して用いた。

表3-1-7　経験価値の5つのモジュールの尺度

感覚	このブランドは視覚などの感覚に強い印象をもたらしてくれる*
	感覚的に訴えてくるのでこのブランドには興味・関心がある
	このブランドは感覚的に魅力を感じる
感情	このブランドはいろんな感情を引き起こす
	私はこのブランドに強い感情をもっている
	このブランドは情緒的に訴えてくるブランドだ
行動	このブランドを使用すると，身体的な行動・動作を伴う
	このブランドは身体的な経験を伴う
	このブランドは行動志向だ
知的	このブランドに出会ったときには多くのことを考えてしまう
	このブランドは私に考えさせる
	このブランドは好奇心と問題解決型思考を刺激する
関係	このブランドは私に人間関係について考えさせる
	このブランドは特定の人々との関連づけられている
	このブランドは社会的ルールや約束事を私に思い起こさせる

注：*は因子分析後に削除した。
出所：Schmitt（1999）より作成

　そのほか表3-1-10に示す通り，顧客満足度については，Oliver（1980）を，ブランドロイヤリティについてはYoo & Donthu（2001）を用いた。いずれの項目でも「そう思う」から「そう思わない」までの5段階尺度とした。

5）分析結果

（1）テキスト・マイニングによるブランドの分類

　まず最初に，今回対象とした10ブランドが「機能ブランド，イメージ・ブランド，経験ブランド」のどの分類に相当するかを検討する必要がある。そのため，各ブランドについて「あなたはこのブランドについて，どのような思い出や経験がありますか。できるだけ具体的に，自由にお書きください（500字以内）」という質問を行った。その結果をテキスト・マイニング用のソフトであるTrueTellerを用いて分析した。形態素に分解した後に，ブランドごとに特徴的な「係り受け」関係を抽出した。その結果が表3-1-8である。

　ユニクロは品質が良く，安い，というイメージが強い。製品力が評価され

表3-1-8　各ブランドのキーワード

	ユニクロ キーワード		スコア	件数	グーグル キーワード		スコア	件数	スタジオジブリ キーワード		スコア	件数	ソニー キーワード		スコア	件数
1	品質	良い	0.026	10	検索	使う	0.032	11	映画	見る	0.073	25	ウォークマン	買う	0.029	10
2	服	着る	0.015	5	地図	検索する	0.012	4	作品	見る	0.050	17	コンポ	買う	0.012	4
3	商品	安い	0.012	4	グーグル	使う	0.009	3	子供	見る	0.044	15	ソニー	買う	0.012	4
4	安い	買う	0.012	4	検索	ある	0.009	3	一緒	見る	0.032	11	パソコン	購入する	0.012	4
5	人	着る	0.012	4	便利だ	感じる	0.009	3	小さい	見る	0.029	10	ウォークマン	使う	0.009	3
6	イメージ	安い	0.012	4	グーグルアース	見る	0.009	3	映画館	見る	0.026	9	最初	買う	0.009	3
7	価格	手ごろだ	0.009	4	情報	得る	0.009	3	映画	観る	0.023	8	期間	切れる	0.009	3
8	商品	見る	0.009	4	グーグルアース	利用する	0.009	3	トトロ	見る	0.020	7	期間	過ぎる	0.009	3
9	クロ	購入する	0.009	3	ロゴ	変わる	0.009	3	美術館	行く	0.020	7	音楽	聴く	0.009	3
10	クロ	ある	0.009	3	情報	欲しい(否定)	0.006	2	映画館	観る	0.015	5	パソコン	買う	0.009	3
11	違い	ある	0.009	3	使い勝手	いい	0.006	2	夢	ある	0.015	5	テレビ	買う	0.009	3
12	クロ	着る	0.009	3	感情	特別だ	0.006	2	大人	楽しむ	0.015	5	ウォークマン	聞く	0.009	3
13	テック	暖かい	0.007	3	GMAIL	使う	0.006	2	作品	ある	0.015	5	ウォークマン	持つ	0.009	3
14	良い	思う	0.006	2	アース	出る	0.006	2	作品	観る	0.015	5	昔	持つ	0.009	3
15	服	買う	0.006	2	グーグルアース	使う	0.006	2	耳	すます	0.012	4	故障	少ない	0.009	3
16	ジャケット	買う	0.006	2	マップ	使う	0.006	2	映画	多い	0.012	4	ウォークマン	発売する	0.009	3
17	クロ	行く	0.006	2	情報	探す	0.006	2	映画	ある	0.012	4	ウォークマン	購入する	0.009	3
18	これ	愛用する	0.006	2	検索	行う	0.006	2	大人	見る	0.012	4	価格	高い	0.009	3
19	テック	思う	0.006	2	様子	わかる	0.006	2	子供	見る	0.012	4	他社	ない	0.006	3
20	クロ	買う	0.006	2	検索	利用する	0.006	2	大好きだ	見る	0.009	3	品質	よい	0.006	3
特徴	品質良い、安い				検索、地図				子供				ウォークマン、コンポーネントステレオ, PC			

	マクドナルド キーワード		スコア	件数	ソフトバンク キーワード		スコア	件数	三菱東京UFJ銀行 キーワード		スコア	件数	慶応義塾大学 キーワード		スコア	件数
1	マクドナルド	行く	0.015	5	CM	面白い	0.017	6	口座	作る	0.041	14	頭	良い	0.015	5
2	思い出	食べる	0.012	4	携帯	持つ	0.015	5	口座	持つ	0.038	13	大学	思う	0.012	4
3	スルー	食べる	0.012	4	電波	届く(否定)	0.012	4	銀行	ある	0.017	6	学校	行く	0.009	3
4	マック	ある	0.009	3	フォン	使う	0.012	4	口座	開設する	0.015	5	名前	聞く	0.007	4
5	商品	食べる	0.009	3	CM	楽しい	0.012	4	名前	長い	0.012	4	テレビ	聞く	0.006	2
6	商品	違う	0.009	3	CM	おもしろい	0.012	4	店舗	行く	0.009	3	知り合い	多い	0.006	2
7	時々	食べる	0.009	3	電波	悪い	0.012	4	手数料	高い	0.009	3	学費	高い	0.006	2
8	子供	利用する	0.009	3	電話	ある	0.009	3	銀行	使う	0.009	3	何	ない	0.006	2
9	子供	食べる	0.009	3	電話	購入する	0.009	3	銀行	使う	0.009	3	知人	いる	0.006	2
10	マック	行く	0.009	3	携帯	使う	0.009	3	合併	繰り返す	0.009	3	ない	通る	0.006	2
11	ポテト	食べる	0.009	3	好感	持てる	0.006	2	社会人	ある	0.009	3	友人	知る	0.006	2
12	ハンバーガー	食べる	0.009	3	インパクト	残る	0.006	2	窓口	行く	0.009	3	人物	多い	0.006	2
13	お金	ある	0.009	3	メール	無料	0.006	2	通帳	作る	0.009	3	友人	通る	0.006	2
14	無性だ	食べる	0.009	3	対応	よい	0.006	2	近く	ある	0.008	5	偏差値	高い	0.006	2
15	マック	利用する	0.009	3	通話	無料だ	0.006	2	近く	ない	0.007	4	学園祭	行く	0.006	2
16	商品	入る	0.007	4	選択肢	ない	0.006	2	口座	もつ	0.006	2	交流	ある	0.006	2
17	友達	行く	0.006	2	犬	白い	0.006	2	不便だ	利用する(否定)	0.006	2	出身者	いる	0.006	2
18	子供	大好きだ	0.006	2	CM	わかる(否定)	0.006	2	きびきび	働く	0.006	2	人	卒業する	0.006	2
19	子供	持つ	0.006	2	関わり	ない	0.006	2	UFJ銀行	ない	0.006	2	うらやましい	思う	0.006	2
20	多い	ある	0.006	2	IPHONE	使う	0.006	2	銀行	身近だ	0.006	2	大学	行く	0.006	2
特徴	思い出、子供				CMが面白い、楽しい、電波届かない				口座がある				頭よい、名前聞く、知り合い多い、学費高い			

	小田急電鉄 キーワード		スコア	件数	大塚製薬 キーワード		スコア	件数
1	箱根	行く	0.073	25	ポカリスエット	飲む	0.035	12
2	沿線	住む	0.056	19	カロリーメイト	食べる	0.020	7
3	ロマンスカー	乗る	0.038	13	風邪	ひく	0.015	5
4	ロマンスカー	利用する	0.017	6	ポカリスエット	発売する	0.012	4
5	江ノ島	行く	0.017	6	部活	飲む	0.012	4
6	小田原	行く	0.017	6	安心感	ある	0.010	5
7	思い出	乗る	0.015	5	母親	買う	0.009	3
8	通勤	使う	0.012	4	オロナイン	ある	0.009	3
9	通学	利用する	0.012	4	ポカリ	飲む	0.009	3
10	以前	乗る	0.012	4	ばかり	買う	0.009	3
11	一度	乗る	0.012	4	ポカリスエット	出る	0.009	3
12	家	行く	0.012	4	世話	飲む	0.009	3
13	わくわく	する	0.009	3	風邪	引く	0.009	3
14	ロマンスカー	行く	0.009	3	薬	ある	0.009	3
15	駅	ある	0.009	3	熱	出す	0.009	3
16	沿線	ある	0.009	3	コマーシャル	見る	0.007	4
17	記憶	残る	0.009	3	親しみ	感じる	0.006	3
18	電車	乗る	0.009	3	記憶	飲む	0.006	2
19	東京	行く	0.009	3	ポカリ	美味しい	0.006	2
20	昔	住む	0.006	3	ポカリスエット	大好きだ	0.006	2
特徴	箱根、ロマンスカー、江ノ島、沿線				ポカリ、風邪、カロリーメイト			

ている。

　Googleは検索サービスの大手であるという認識が強い。地図サービス等の付帯サービスではYahooを凌駕していると言えよう。
　スタジオジブリの作品は子供向けの作品であるという印象が強い。
　ソニーについては，ウォークマン，コンポーネントステレオ，PCというように優れた製品が列挙されている。
　マクドナルドは子供のころの思い出，または自分の子供との思い出といった，家族の記憶と強く結びついている。
　ソフトバンクについては，CMが面白く，楽しいイメージだが，電波が届きにくく，通信品質に不満があるようである。
　三菱東京UFJ銀行については，口座がある，店舗がある，といった表現しか出てこず，それ以上の具体的なイメージや思い出が存在しない。
　慶應義塾大学は有名で，偏差値が高い，お金持ち向けの大学というイメージである。
　小田急電鉄については，箱根，江ノ島，ロマンスカーという観光イメージもあるが，沿線住宅地の高級イメージもある。
　大塚製薬については，風邪のときに飲むポカリスエットやカロリーメイトというように，個々の製品ブランドのイメージが強い。
　これらの結果から，「機能ブランド，イメージ・ブランド，経験ブランド」の分類を行うことができる。小田急電鉄と慶應義塾大学は「イメージ・ブランド」であると言えよう。それに対してマクドナルド，ソニー，大塚製薬は，消費者の過去の経験からブランド・イメージが規定されているように見えるため，「経験ブランド」に分類できる可能性が高い。すなわち，マクドナルドでの家族の思い出，ソニーのオーディオ製品にあこがれた青春時代，風邪のときに摂取した食品の大塚製薬である。これ以外のソフトバンク，三菱東京UFJ銀行，スタジオジブリ，Google，ユニクロは「機能ブランド」である。スタジオジブリとマクドナルドには同じ「子供」というキーワードが出現するが，マクドナルドの「思い出」という深い経験に比べて，「スタジオジブリの作品は子供向けである」という認識はより表層的な認知であると考えられる。

（2）因子分析による潜在変数の検討

次に，DART充実度とブランド経験価値強度について，因子分析を行った。その結果先行研究の結果とは異なり，ブランド経験は5因子ではなく3因子となった。またDARTは4因子ではあるが，その内容が先行研究とは異なる結果となった。分析結果は表3－1－9に示す。なおいずれの因子についてもクロンバックのαは十分に大きく，後の共分散構造分析に用いることができる。

（3）共分散構造分析による仮説の検証

仮説モデルの検証を，共分散構造分析によって実施した。図3－1－5が実証されたモデルである。モデルの適合度はほぼ十分なレベルにあると言えよう[2]。

仮説の通り，DART充実度がブランド経験の強度を強く規定している。ブランド経験の強度は，顧客満足度を経由してロイヤルティを規定してい

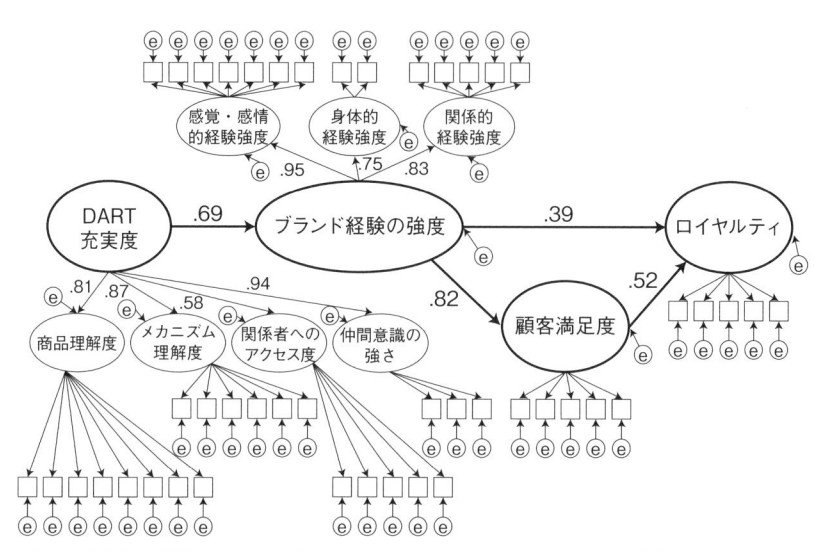

注：n=3,100，GFI=.842，AGFI=.821，RMSEA=.059，χ^2=11056，自由度=951

図3－1－5　実証モデル

2）誤差変数間に27対の共分散を仮定した。

表3-1-9　潜在変数と観測変数

潜在変数		観測変数	Cronbach's coefficient alpha
ロイヤリティ		将来，私はこのブランドに忠誠を誓うだろう	0.91
		私は次にもこのブランドを自分のものにするだろう	
		将来，このブランドは私の第一選択肢となるだろう	
		もしこのブランドを自分のものにできるなら，他のブランドは選ばないだろう	
		私はこのブランドを他人に勧めるだろう	
顧客満足度		私はそのブランドの品質に満足している	0.91
		チャンスがあったら，私はこのブランドを自分のものにするだろう	
		このブランドを選んだとしたら，私の選択は賢いだろう	
		このブランドを選ぶと決めたら，気分が良いと感じるだろう	
		このブランドを使って何かをしたら，幸福だと感じるだろう	
ブランド経験の強度	感覚・感情的経験強度	感覚的に訴えてくるのでこのブランドには興味・関心がある	0.91
		このブランドは感覚的に魅力を感じる	
		このブランドは好奇心と問題解決型思考を刺激する	
		このブランドは情緒的に訴えてくるブランドだ	
		このブランドは行動志向だ	
		私はこのブランドに強い感情をもっている	
		このブランドは社会的ルールや約束事を私に思い起こさせる	
	身体的経験強度	このブランドは身体的な経験を伴う	0.80
		このブランドを使用すると，身体的な行動・動作を伴う	
	関係的経験強度	このブランドは私に人間関係について考えさせる	0.90
		このブランドに出会ったときには多くのことを考えてしまう	
		このブランドはいろんな感情を引き起こす	
		このブランドは私に考えさせる	
		このブランドは特定の人々と関連づけられている	
DART充実度	商品理解度	このブランドをどこで自分のものにできるかを知っている	0.87
		このブランドの価格体系は良く分かっている	
		このブランドを使っている（持っている）人と話をしたことがある	
		このブランドを選んだり手に入れようとしたりする際には，十分に検討できるだけの情報がある	
		このブランドのことはよく知っている	
		このブランドの商品・サービスの品質はよく知っている	
		このブランドの商品・サービスはどのような技術をもとにして用意され，提供されているかを知っている	
		このブランドの商品・サービスに不具合があったとき，どうしたらよいか分かっている	
	メカニズム理解度	このブランドの商品・サービスを用意するためどのような費用がかかっているかを知っている	0.86
		このブランドの商品・サービスはどのような人が提供しているか知っている	
		このブランドを選んだり使ったりするためにやらなければならないことは分かっている	
		このブランドの商品・サービスはどのような方法で用意され，提供されているかを知っている	
		このブランドの商品・サービスを提供している会社や組織を知っている	
		私にはこのブランドの開発や改良に参加している気持ちがある	
	関係者へのアクセス度	このブランドの関係者から連絡をもらったことがある	0.86
		このブランドの担当者には連絡できる	
		このブランドの関係者を知っている	
		このブランドの関係者に連絡したり話したりしたことがある	
		このブランドを選んだり使ったりすることによるデメリットはよく分かっている	
	仲間意識の強さ	このブランドを選んだ人は私の仲間であると感じる	0.82
		このブランドは私の望みを知っている	
		私はこのブランドを他人に勧めたことがある	

る。ブランド経験強度は直接にもロイヤルティを規定しており，間接効果（0.82×0.52＝0.43）と同等程度の規定力を持っている。

このように，改めてブランド経験価値の重要性が実証できたと共に，ブランド経験を形成するものがDARTであるという構造が確認できた。

（4）多母集団分析による仮説の検証

先に述べたように，10のブランドを「機能ブランド，イメージ・ブランド，経験ブランド」の3つに分類した。「イメージ・ブランド」は小田急電鉄と慶應義塾大学，「経験ブランド」はマクドナルド，ソニー，大塚製薬，「機能ブランド」はソフトバンク，三菱東京UFJ銀行，スタジオジブリ，Google，ユニクロであった。

共分散構造分析モデルにおける4因子間の標準化パス係数の大きさをブランド間で比較することにより，ブランドの種類によって異なる構造についての仮説を検証する（表3-1-10）。ブランド間で相対的に標準化パス係数が大きい場合には，当該セルに薄い網掛けをした。逆に相対的に標準化パス係数が小さい場合には，当該セルに黒い網掛けをし，数字を白く表記した。

「①DART→ブランド経験」の標準化パス係数については，マクドナルド，ソニー，Google，大塚製薬，ユニクロなどの係数が大きい。「②ブランド経験→顧客満足」の標準化パス係数は，どのブランドにおいても高く，差が少ない。「③顧客満足度→ロイヤルティ」については，ソフトバンク，三菱東京UFJ銀行，スタジオジブリなどの係数が大きい。逆に，ソニー，慶

表3-1-10　各ブランドの標準化パス係数

	①DART→経験	②経験→満足	③満足→ロイヤル	④経験→ロイヤル	n
ユニクロ	.72	.78	.53	.37	310
Google	.77	.86	.58	.38	310
スタジオジブリ	.64	.87	.61	.25	310
ソニー	.79	.79	.33	.62	310
マクドナルド	.83	.87	.37	.59	310
ソフトバンク	.63	.80	.73	.16	310
三菱東京UFJ銀行	.63	.84	.66	.30	310
慶応義塾大学	.58	.76	.33	.51	310
小田急電鉄	.65	.75	.40	.49	310
大塚製薬	.75	.80	.46	.45	310
全体	.69	.82	.52	.39	3,100

應義塾大学，マクドナルド，小田急電鉄などの係数が小さい。「④ブランド経験→ロイヤルティ」については，ソニー，マクドナルドなどの係数が大きい。逆に，ソフトバンク，スタジオジブリなどの係数が小さい。

このように，機能ブランドでは「ブランド経験の強度」が「ロイヤルティ」に与える影響よりも，「顧客満足度」が「ロイヤルティ」に与える影響の方が大きい。またイメージブランドと経験ブランドについては，逆に「ブランド経験」が直接に「ロイヤルティ」に影響を与えている。

次に4因子の因子得点をブランドごとに比較する（表3-1-11）。DART充実度，ブランド経験強度，顧客満足度，ロイヤルティの4因子について，ブランド間で相対的に因子得点が高い場合には，当該セルに薄い網掛けをした。逆に相対的に因子得点が低い場合には，当該セルに黒い網掛けをし，数字を白く表記した。なおDART充実度が影響を与える4因子（仲間意識，関係者へのアクセス，商品理解，メカニズム理解）と，ブランド経験強度が影響を与える3因子（感覚・感情，関係，身体）についても，ブランドごとの因子得点の平均値を記した。

ロイヤリティの因子得点が高いブランドは，Googleとソニーである。逆に低いブランドは慶應義塾大学である。顧客満足度が高いブランドは，ソニーとスタジオジブリである。逆に低いブランドは慶應義塾大学と三菱東京UFJ銀行である。ブランド経験強度が高いブランドは，スタジオジブリである。逆に低いブランドは三菱東京UFJ銀行と慶應義塾大学である。スタジオジブリについては，特に「関係」と「感覚・感情」が高い。三菱東京UFJ銀行と慶應義塾大学については，3つのブランド経験共に低い。DART充実度が高いブランドは，マクドナルドとソフトバンクである。逆に低いブランドは，慶應義塾大学である。マクドナルドは，「仲間意識」「商品理解」「メカニズム理解」が高い。ソフトバンクは「関係者へのアクセス」「メカニズム理解」が高い。慶應義塾大学は「仲間意識」「商品理解」「メカニズム理解」がブランド間で最下位である。

表 3-1-11　各ブランドの因子得点

	DART（仲間意識）	DART（関係者へのアクセス）	DART（商品理解）	DART（メカニズム理解）	DART
ユニクロ	.20	－.23	.53	－.16	.06
Google	.21	－.13	－.17	－.07	－.03
スタジオジブリ	.07	－.33	－.10	－.08	－.08
ソニー	.21	.04	.32	.04	.17
マクドナルド	.24	.02	.56	.28	.35
ソフトバンク	.06	.30	.26	.38	.32
三菱東京UFJ銀行	－.13	.47	－.08	.21	.11
慶応義塾大学	－.59	.04	－1.00	－.45	－.64
小田急電鉄	－.26	－.01	－.26	.03	－.12
大塚製薬	－.01	－.16	－.05	－.20	－.14
平均	.00	.00	.00	.00	.00

	ブランド経験（感覚・感情）	ブランド経験（関係）	ブランド経験（身体）	ブランド経験	満足度	ロイヤルティ	n
ユニクロ	－.02	－.17	.05	－.10	.08	－.05	310
Google	.32	.22	.03	.22	.23	.33	310
スタジオジブリ	.52	.72	－.01	.59	.28	.04	310
ソニー	.33	.06	.06	.12	.37	.20	310
マクドナルド	.06	－.10	.07	－.04	－.03	.01	310
ソフトバンク	.12	.06	－.08	.05	－.21	.03	310
三菱東京UFJ銀行	－.39	－.22	－.26	－.29	－.25	－.07	310
慶応義塾大学	－.44	－.17	－.33	－.28	－.32	－.37	310
小田急電鉄	－.34	－.10	.26	－.09	－.20	－.21	310
大塚製薬	－.16	－.29	.22	－.18	.06	.08	310
平均	.00	.00	.00	.00	.00	.00	3,100

6）考察

（1）結果の考察

　ここではブランドごとに，ブランド価値を高めていくための効果的な方法について検討する。

①イメージブランド

　小田急電鉄と慶應義塾大学は，いずれもロイヤリティが低い。満足度，ブランド経験，DARTのいずれも低く，特に慶應義塾大学はその傾向が顕著

である。DARTが影響を与える4因子を見ると,「関係者へのアクセス」はそれほど低くないものの,その他の3因子は低い。

これらは「自己表現」のためのイメージブランドと言ってよいだろう。有名ではあるが,簡単に入手できるブランドではない。あこがれの身分を表現するブランドと言えるだろうか。しかし自分のブランドであるとの認知は低く,ロイヤルティは極端に低い。

ブランド経験が高い人は満足度も高くなるので,おそらく小田急沿線住民や慶應義塾卒業生に限って分析すれば,また異なる結果が出ると考えられる。ただしブランド経験はある程度ロイヤルティを規定しているが,満足度はロイヤリティを規定する力が弱い。電鉄や大学においてサービス水準を向上させても,知覚されたブランド品質が向上するわけでもなく,結果的にサービスに対する満足度がロイヤルティにはつながらない。それよりも沿線住民や同窓生としてのプライドを感じるようなブランド経験を充実させることで,直接的にロイヤルティを向上させることができそうである。

②経験ブランド

ソニーやマクドナルドは,ブランド経験がロイヤルティを強く規定する。またDARTがブランド経験を強く規定する。しかし満足度のロイヤルティに対する規定力は低い。つまり,顧客満足よりも経験価値がロイヤリティに直結するブランドである。大塚製薬についても同様の傾向が見て取れる。

家電,食品,飲料などの成熟商品については,一般に製品の品質などによる差別化よりもブランド経験が重要であり,ブランド経験を強化するにはDARTの充実が効果的であると考えらえる。

ソニーはロイヤルティ,満足度ともに高いが,ブランド経験とDARTが低い。技術開発よりもDARTの強化を実施すれば,ますますロイヤリティが高まるだろう。すなわち「サービス(人や場)」の改善や工夫が今後の課題である。

マクドナルドはDARTは高いが,ロイヤルティ,満足度,ブランド経験はいずれもそれほど高くない。DARTの貢献は大きいはずなので,マクドナルドに特殊なその他の要因によってブランド経験強度が低くなっている可能性が考えられる。店頭での「サービス(人や場)」への投資は維持したま

ま，特に「関係」についてのブランド経験を重点的に強化する必要があるだろう。小さい子供がいる家族にとっては家族関係を経験できる場ではあるが，成人が1人で利用する場合のマクドナルドには，「関係」的ブランド経験が不足しているのかもしれない。

大塚製薬についてはDARTが不足しており，ブランド経験も貧弱である。これまで意識的な努力がなかったとすれば，DARTやブランド経験を改善する努力の効果は大きいと考えられる。

③機能ブランド

ソフトバンク，三菱東京UFJ銀行，スタジオジブリは，顧客満足度がロイヤルティに与える影響が大きいが，ブランド経験がロイヤルティに与える影響が小さい。ブランド経験は必ず顧客満足を経由してからでなければロイヤルティに結びつかない。Googleやユニクロにも同様の傾向が見える。すなわち，製品の品質が重要であり，いくらDARTやブランド経験を充実させようとも，品質に満足しない限りロイヤリティが上がらない構造にあると考えらえる。イメージブランドや経験ブランドがホットでウェットなブランドだとすれば，これらの機能ブランドはクールでドライなブランドだと言えよう。

ソフトバンクは「白戸家」シリーズなどの広告によるイメージ戦略に特徴があるように見える。広告はソフトバンクのブランド経験を強化しようとしているとも考えられる。しかしソフトバンクそもそも低料金を訴求してシェアを拡大してきた。最近でも通話品質に対する不満は高いようである。このように通信サービスの料金と通話品質という基本的な属性によって満足度が規定され，結果的にロイヤリティを規定している。現時点でソフトバンクのロイヤルティ，満足度は高くない。DARTやブランド経験だけでなく，直接的に顧客満足度を向上させるための品質改良がないかぎり，シェアの向上は期待できないだろう。

三菱東京UFJ銀行もソフトバンクと同様である。DARTやブランド経験の向上のため努力は無駄ではないが，金融商品，店舗，銀行員の品質向上による差別化がない限り，それらの努力は無駄になるだろう。現時点で三菱東京UFJ銀行のロイヤルティ，顧客満足度，ブランド経験は低い。DARTの

充実と合わせてこれらすべての属性において改善が望まれる。

　スタジオジブリは，ブランド経験も顧客満足度も高いが，ロイヤルティはそれほど高くない。過去の作品に対する満足度は高いのだが，次の作品を見るかどうかは，その作品次第ということであろうか。制作スタッフが宮崎駿から次の世代に代替わりしようとしているために，個々の作品に対する評価が揺らいできているのかもしれない。改めてこれから作られる作品の質の向上が望まれる。

　Googleはロイヤルティは高いが，その他の属性について目立って高い点はない。検索エンジンとしてYahooと市場を二分する地位を築き，もはや顧客満足度などがどうであろうと，YahooかGoogleを選択するしかない状態になっているためであろうか。しかし大きな技術革新がおこると，Google優位は崩れやすい構造にあるかもしれない。

　ユニクロは特に目立った特徴がなく，今回の調査対象である10ブランドの中で平均的な構造である。かつての競争優位が崩れてきているとも考えられる。DARTやブランド経験と合わせて，革新的製品の開発が必要であろう。

(2) 結果の含意

　DARTやブランド経験は顧客満足やロイヤルティに強い影響を与えることは実証できた。また，ブランドのタイプによってその構造は異なることも判明した。DARTとブランド経験がロイヤルティに直結する場合と，顧客満足度を経由しないとロイヤルティが高まらない場合がある。後者は「機能ブランド」であることが多く，製品の機能を改良して製品品質を高め，顧客満足を高めない限り，ブランド経験だけではロイヤルティを高めることができないのである。ただし「機能ブランド」の競争優位は「機能」によって覆される可能性が高いことが弱点である。

　このように，ブランドのタイプを判別した上で，ブランドの戦略を評価し，適切な戦略を提案するには役立つモデルであると言えよう。今後は同じカテゴリー（業界）内の複数ブランドの比較を行い，競争戦略の検討を行う必要がある。たとえばブランド経験よりも製品品質が重視されるような「機能ブランド」の業界において，競合ブランドに対してブランド経験を充実さ

せて競争優位を実現できるのか，また逆にブランド経験が重要な業界において製品品質で差別化が可能かどうか，検討が必要であろう。

また先述のとおり，本論での因子構造は，欧米での先行研究とは異なるものであった。これが，今回対象として選択した10ブランドの特殊性であるのか，日本人を対象とした調査結果であるからなのかは，現時点では不明である。しかし日本人は欧米人に比べて相対的に「一般的信頼」が低く，人間関係情報から対象の信頼性を判断することが多い「社会的びくびく人間」であるとすれば（山岸 1998, 1999），感情的経験は人間関係から生じることが多く，本論での因子構造の相違も解釈可能かもしれない。

従来は具体的にどうしたらブランド価値を高め，ブランド・ロイヤリティを高めることができるのかについて，様々な成功事例研究からは体系的な知見が得られなかった。本節では参加促進の方法として「DART」を取り上げ，その参加・共創の促進効果とブランド価値向上効果について実証した。その結果「DART」を充実させることは「経験価値」を高め，「経験価値」は「ブランド・ロイヤリティ」を高めることが確認された。この「DART」は消費者の参加と共創のための場の設定として有効な手法である。

2．実証ケース2：交通系ICカードの利用促進にみるDARTとブランド経験

「DART」と「ブランド経験」は，第1章でも取り上げた交通系ICカードにおいても影響力があると考えられる。本節ではICカードの利用に対するDARTとブランド経験の影響について実証分析を行う。

1）問題の所在

ICカード型電子マネーの発行枚数は2012年6月には1億8,217万枚となっている（日本銀行決済機構局 2012）。当初はSuica（JR東日本），PASMO（首都圏私鉄11事業者，バス19事業者）といった交通機関が発行する電子マネーの普及が先行した。通勤・通学者にとって定期券としての用途があるため，普及スピードが速かったと考えられる。その後Edy（ビットワレッ

ト),nanaco(セブン・カード・サービス),WAON(イオンリテール)といった流通・金融系ICカードの普及してきた。

　電子マネーとしてのICカードの利用意向を規定する要因としては,従来は当該電子マネーサービスの利便性と経済性が主なものとして考えられてきた(渡部・岩崎2009)。しかしICカード自体が珍しくなくなってきており,複数のブランドが競合する成熟段階においては,利便性や経済性といった基本的で本質的な商品機能だけでなく,ブランド・イメージや付加サービスといった周辺的機能が重要となってくる。

　本節では交通系ICカードと流通系ICカードが共存する地域を取り上げ,利用促進要因としての企業ブランドの効果を実証する。対象は福岡県内の交通系ICカードの「nimoca」,流通・金融系ICカードのEdyとWAONである。nimocaは西日本鉄道(通称:西鉄)で2008年(平成20年)5月18日に導入された非接触型ICカードで,西鉄の鉄道線やバスだけでなく「SUGOCA」(JR九州)や「はやかけん」(福岡市地下鉄)とも相互利用可能である。また各種のスーパーマーケットやコンビニエンスストアでの買い物の決済にも利用できる。

2)電子マネーの利用促進要因

　渡部・岩崎(2009)の実証研究によれば,「交通機関利便性」「不安感」「利用場所の問題」の3つの要因が電子マネーの利用意向を規定していた。「買い物利便性」と「不便さ」は利用意向を規定していなかった。やはり定期券や乗車券としての利用の方が買い物の際の電子マネーとしての利用よりも重要であるという背景が考えられる。

　電子マネーは公共性の高い社会インフラとしての側面を持っている。特に交通機関が発行する場合,沿線住民が積極的にその電子マネーを利用することにより,沿線地域の利便性が向上し,結果として居住地域の価値を上げることができる。交通機関については「沿線ブランド」が重要であり,ブランド・マーケティングが適用可能であると考えられる。たとえば角田(2002)が阪急電鉄を対象に行ったブランド・パーソナリティの分析でも使用しているように,Aaker(1996)の「誠実」「刺激」「能力」「洗練」「素朴」の各変

数が適用できる。槇野・添田・大野（2001）は東急電鉄沿線の地域愛着について分析しており，「人間関係」「地域の知識」「生活経験」「環境に対する意識」が「地域愛着」を規定するとしている。

沿線住民が交通機関を応援し，皆で将来に対する投資として電子マネーを利用するようになれば，利用が促進されるのではないだろうか。企業や地域に対する愛着から将来への投資的な消費を行うとすれば，それは企業ブランド力や地域ブランド力の結果であると言ってよいだろう。交通系 IC カードは，こうしたブランド・マーケティングや消費者「参加」型のマーケティング活動との相性が良いと考えられる。

3）ブランド・マーケティングの手法

（1）共感，参加

ブランド価値を高める活動，すなわちブランディング活動について，近年の手法を整理する。Keller（2003）は顧客ベースのブランド価値に注目し，顧客のブランド知識構造を差別化の源泉として分析対象にした。その最終形が「ブランド・ビルディング・ブロック」であり，そこでブランド構築のステップを明示した。まずブランドは他のブランドと比較して突出したところ（セイリエンス）が認知される。その上にブランドのパフォーマンスとイメージが形成され，それを消費者が感じて評価する。最後に消費者とブランドとの間に共鳴（レゾナンス）が生まれ，この状態に至るとブランドは永続的に顧客を維持することができるようになる。

最終的にブランドと顧客との共鳴・共感が形成され，その結果としてブランドの活動に顧客が心理的に「参加」している状態が，ブランディング活動の最終目標であると言えよう。Muniz & O'guinn（2001）はサーブ，マッキントッシュ，フォード・ブロンコといったブランドについて調査し，ブランド・コミュニティでは「仲間意識」「儀式と伝統」「倫理的責任」といった特徴が共通して観察され，まさにコミュニティが形成されているとしている。また，一般にネットコミュニティへの参加がブランド態度形成に寄与しているとの実証結果が報告されている（金森 2009，金森・西尾 2005）。

このように顧客がブランドと共鳴して一体となり，コミュニティに参加し

ている状態が，ブランドが目指すべき状態である。

（2）経験価値

　実践的には，どのような活動を行えば「共鳴」状態になるのだろうか。Schmitt (1999) は顧客の経験するブランドの価値には5つの「戦略的経験価値モジュール (SEM)」があるとしている（表3-1-2）。「SENSE」は感覚的経験価値で，五感に訴えるものである。「FEEL」は情緒的経験価値で，喜びや誇りといった感情やその他の気分を経験するものである。「THINK」は創造的・認知的経験価値で，問題解決にあたって経験する顧客の思考である。「ACT」は肉体的経験価値とライフスタイル全般で，肉体的な活動やライフスタイルに関わる経験である。「RELATE」は準拠集団や文化との関連づけで，集団や文化への所属の経験である。特に「RELATE」は，Keller (2003) の「レゾナンス」や Muniz & O'guinn (2001) の「ブランド・コミュニティ」に対応しており，特定のブランドを核としたコミュニティに属しているという感覚が存在する状態であると考えられる。

　後に Brakus, Schmitt & Zarantonello (2009) は，これらのブランド経験の強度がブランド・パーソナリティや顧客満足度を経由して，ブランド・ロイヤルティを規定するという実証研究結果を報告している。

（3）共創と DART

　こうしたブランド経験を強化する方法として，Prahalad & Ramaswamy (2004) の「価値共創 (Co-Creation)」を取り上げる。顧客のブランド経験は「製品・サービス」「従業員」「価値提供のプロセス」「自分以外の顧客」の4つの接点で生じる。特に顧客が当該ブランドを契機とした「コミュニティ」を形成し，顧客とブランドが共に価値を創造している状態が「価値共創」であり，価値共創は強い競争優位をもたらすとする。Muniz & O'guinn (2001) の「ブランド・コミュニティ」においても，「倫理的責任」という文脈で，同じブランドの顧客同士が助け合うことで企業のサポートセンターの機能を代替しているという例が紹介されていた。これも価値共創の事例である。

　こうした「価値共創」が実現するためには，消費者が価値創造のプロセスに参加しやすくなければならない。Prahalad & Ramaswamy (2004) はそ

のための4条件を「DART」として提案している（表3-1-3）。「dialogue（対話）」はブランドと顧客，または顧客同士が双方向のコミュニケーションをとれる状態になっていることである。「access（利用）」は顧客が当該ブランドをわざわざ所有しなくても，レンタルや共有によって自由に利用できる状態にあることである。「risk assessment（リスク評価）」は，そのブランドを利用することにかかわるリスクを特定して管理できることである。「transparency（透明性）」はリスク評価や対話などの前提ともなるが，ブランドの製品・サービスの提供プロセス等について顧客が把握できる状態にあることである。

この4つの要素が揃った時，「参加型プラットフォーム」（Ramaswamy & Gouillart 2010）が用意されることになり，「RERATE」をはじめとするブランド価値を経験しやすくなる。その結果，「レゾナンス」が生じやすくなり，「ブランド・コミュニティ」が形成され，ブランド価値が高まっていくことが予想される。

4）DART・経験価値によるブランドロイヤルティ向上の仮説モデル

これまでの検討を踏まえて，図3-2-1のような仮説モデルを提案する。本論でもBrakus, Schmitt & Zarantonello（2009）と同様に，電子マネーとその発行企業に関わるブランド経験が顧客満足度を経てロイヤルティを規定すると考える。さらにそのブランド経験は，DARTの充実度によって規定されると仮定する。最終的にロイヤルティが高まれば電子マネー利用頻度と利用金額も増大する。

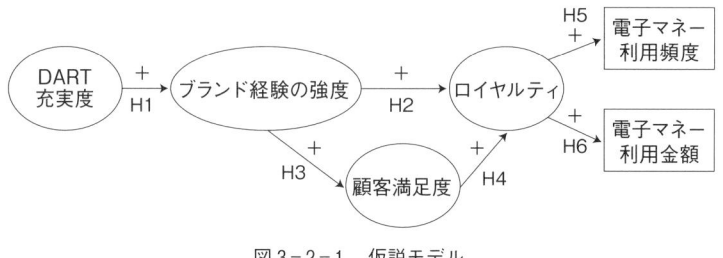

図3-2-1　仮説モデル

ただしこの仮説モデルは，ブランドの種類によって構造が異なるとも考えられる。Tybout & Carpenter（2001）は，ブランドを「機能ブランド，経験ブランド，イメージブランド」に分類している（表3-1-4）。「機能ブランド」とは，優れた機能性もしくは経済性によって差別化されたブランドである。2番目の「イメージ・ブランド」とは，ファッション・ブランドなどに見られるように，消費者にとっての望ましい自己イメージを表現するためのブランドである。3つめの「経験ブランド」は，サービス財に多くみられ，消費者にとってのユニークな経験が差別化要素である。

　図3-2-1の仮説モデルとの対応では，機能ブランドでは「ブランド経験の強度」が直接に「ロイヤルティ」に与える影響よりも，製品の品質よって形成された「顧客満足度」が「ロイヤルティ」に与える影響の方が大きいと考えられる。なぜなら機能ブランドでは，製品自体の品質の充実により顧客満足度が高まり，その結果としてロイヤルティが高まるからである。機能ブランドではブランド経験が強いからといってすぐにロイヤルティが高まるとは考えにくい。一方イメージブランドと経験ブランドについては，逆に「ブランド経験」が重要になると考えられる。

　全国3,000人を対象とした10ブランド調査（金森 2012b）においても，電鉄はイメージブランドとして，経験価値がロイヤルティを直接規定するという結果になった。このように交通系ICカードによる電子マネーに対するロイヤルティは，流通系の電子マネーと比べて，相対的に交通機関の企業ブランド力や沿線地域ブランド力の影響を受けやすいと考える。よって nimoca は Edy や WAON と比べて，顧客満足度を介さずに，経験価値が直接ロイヤリティを規定する傾向があると考えられる（H7）。

5）DART・経験価値の効果の実証方法

(1) 調査の概要

　以上の仮説を検証するため，インターネット調査を実施した。対象はマクロミル社の福岡市在住の調査パネルであり，15歳〜69歳について性・年齢の割り付けをした（10代男女50人ずつ，20代男女210人ずつ，30代男女220人ずつ，40代男女220人ずつ，50代男女220人ずつ，60代男女80人ずつ）。

2011年2月23日から25日にかけて調査を実施し，合計で2,066サンプルの有効回答を得た。

(2) 尺度

DART充実度については，Prahalad & Ramaswamy (2004) を用いて表3-1-6に示す項目を用いた。「あてはまる」から「あてはまらない」までの5段階尺度で回答を得た。

ブランド経験価値の強度については，Schmitt (1999) を用いた。表3-1-7に示すとおりである。「そう思う」から「そう思わない」までの5段階尺度とした。なおオリジナルの尺度ではいくつかの項目で否定形（逆転項目）を用いているが，プレサーベイを実施した結果，否定形は分かりにくいことが判明したため，に否定形（逆転項目）を肯定形に修正して用いた。

そのほか表3-2-1に示す通り，顧客満足度については，Oliver (1980) を，ブランドロイヤリティについてはYoo & Donthu (2001) を用いた。いずれの項目でも「そう思う」から「そう思わない」までの5段階尺度とした。

6）DART・経験価値の効果に関する分析結果

(1) 電子マネー利用実態

2,066サンプルの71.7％が電子マネーを持っており，65.3％は交通系ICカードを持っている。買い物で一番よく使う電子マネーとして，nimoca (475人)，Edy (311人)，WAON (289人) があげられたため，これらの合計1,075サンプルについてさらに分析を行った。

1,075サンプルについて各区民が3ブランドのうちどのブランドを使っているかを比較すると，Edyと比べてWAONはイオンの立地する東西の住宅地で，nimocaは西鉄沿線の南部でよく利用されている（図3-2-2）。

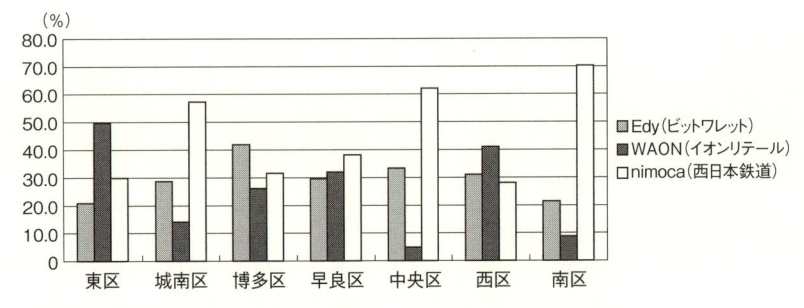

出所：電子マネーに関する調査（2011）

図3-2-2　調査対象者居住区

　男性と女性のそれぞれが3ブランドのうちどのブランドを使っているかを比較すると，Edyは相対的に男性の利用が多く，WAONは女性の利用が多い。nimocaはその中間である（図3-2-3）。nimocaは通勤通学定期券としても使われることと，WAONはスーパーでの買い物が多いことが背景として考えられる。

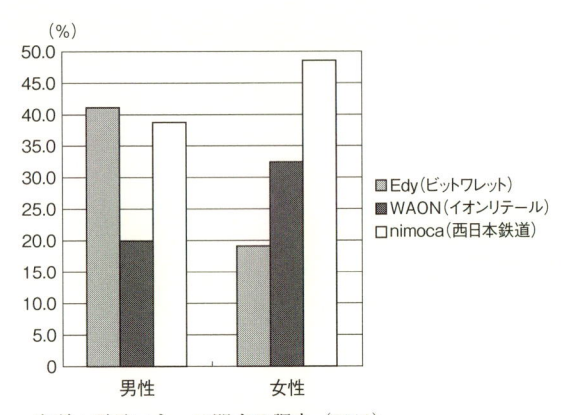

出所：電子マネーに関する調査（2011）

図3-2-3　調査対象者の性別

　各年齢層の人々が3ブランドのうちどのブランドを使っているかを比較すると，Edy利用は年齢差が小さく，WAONは中年層の利用が多く，nimocaは逆に若年層と高年齢層の利用が多い（図3-2-4）。WAONは主婦のスー

パーでの買い物が想定される。学生や高年齢層は通勤通学定期券としての用途から電子マネーを使い始めたことが想定される。

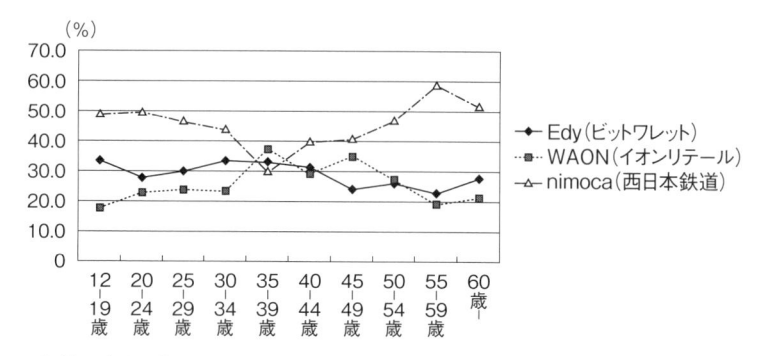

出所：電子マネーに関する調査（2011）

図3-2-4　調査対象者の年齢

　交通機関の利用頻度別に3ブランドのうちどのブランドを使っているかを比較すると，交通機関の利用頻度が高い人はnimocaの利用割合が多く，Edyがそれに次ぎ，交通機関の利用頻度が低い人はWAONは利用割合が多い（図3-2-5）。それぞれの用途の反映であろう。

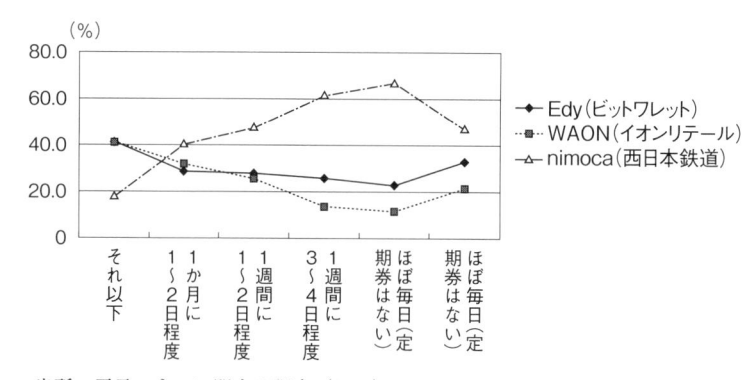

出所：電子マネーに関する調査（2011）

図3-2-5　交通機関の利用頻度

（2）因子分析による潜在変数の検討

次に，DART充実度とブランド経験価値強度について，因子分析を行った。その結果先行研究の結果とは異なり，ブランド経験は5因子ではなく2因子となった。またDARTは4因子ではなく3因子となった。分析結果は

表3-2-1　潜在変数と観測変数

潜在変数		観測変数	クロンバックのα
ロイヤリティ		将来，私はこのICカードに忠誠を誓うだろう	0.89
		私は次にもこのICカードを選ぶだろう	
		将来，このICカードは私の第一選択肢となるだろう	
		もしこのICカードを選べるなら，他のICカードは選ばないだろう	
		私はこのICカードを他人に勧めるだろう	
顧客満足度		私はそのICカードの品質に満足している	0.89
		もし変える機会があったとしても，私はこのICカードを選ぶだろう	
		このICカードを選んだとしたら，私の選択は賢いだろう	
		このICカードを選ぶと決めたら，気分が良いと感じるだろう	
		このICカードを使って何かをしたら，幸福だと感じるだろう	
ブランド経験の強度	重い経験の強度	情緒的に訴えてくる	0.96
		社会的ルールや約束事を私に思い起こさせる	
		感覚的に訴えてくるので興味・関心がある	
		私はこの会社に強い感情をもっている	
		身体的な経験を伴う	
		私に考えさせる	
		特定の人々と関連づけられている	
		視覚などの感覚に強い印象をもたらしてくれる	
		いろんな感情を引き起こす	
		商品・サービスを使用すると，身体的な行動・動作を伴う	
		出会ったときには多くのことを考えてしまう	
		私に人間関係について考えさせる	
	軽い経験の強度	感覚的に魅力を感じる	0.85
		行動志向だ	
		好奇心と問題解決型思考を刺激する	
DART充実度	相互理解度	この会社の商品・サービスの料金体系はよく分かっている	0.94
		この会社の商品・サービスはどのような技術をもとにして用意され，提供されているかを知っている	
		この会社を知っている	
		私にはこの会社の商品・サービスの開発や改良に参加している気持ちがある	
		この会社の商品・サービスを使うためにやらなければならないことは分かっている	
		この会社の商品・サービスを用意するためどのような費用がかかっているかを知っている	
		この会社の商品・サービスのことはよく知っている	
		この会社の商品・サービスはどのような人が用意して提供しているか知っている	
		私はこの会社の商品・サービスを他人に勧めたことがある	
		この会社の商品・サービスを選択する際には，十分に検討できるだけの情報がある	
		この会社の商品・サービスはどのような方法で用意され，提供されているかを知っている	
		この会社は私の望みを知っている	
		この会社の商品・サービスの使用者は私の仲間であると感じる	
		この会社の商品・サービスに不具合があったとき，どうしたらよいか分かっている	
		この会社の商品・サービスを使うことによるデメリットはよく分かっている	
		この会社の商品・サービスの品質はよく知っている	
	関係者アクセス度	この会社の商品・サービスの関係者に連絡したり話したりしたことがある	0.88
		この会社の関係者を知っている	
		この会社の関係者から連絡をもらったことがある	
		この会社の担当者には連絡できる	
	商品アクセス度	この会社の商品・サービスの使用者と話をしたことがある	0.66
		この会社の商品・サービスをどこで入手できるかを知っている	

表3-2-1に示す。なおいずれの因子についてもクロンバックのαは十分に大きく，後の共分散構造分析に用いることができる。

経験価値はSchmitt（1999）では「感覚，感情，行動，知的，関係」の5つに分かれていた。Brakus, Schmitt & Zarantonello（2009）の実証研究では，「関係」を除く4因子が採用されていた。本研究では人間関係に関わるような「重い経験」と，行動や感覚にかかわる「軽い経験」の2因子に分かれた。

DARTは，先行研究では「対話，アクセス，リスクマネジメント，透明性」であったが，本研究では「相互理解度」「関係者アクセス度」「商品アクセス度」の3因子となった。

（3）共分散構造分析による仮説の検証

仮説モデルの検証を，共分散構造分析によって実施した。図3-2-6が実証されたモデルである。モデルの適合度はほぼ十分なレベルにあると言えよう[3]。

仮説の通り，DART充実度がブランド経験の強度を強く規定している。

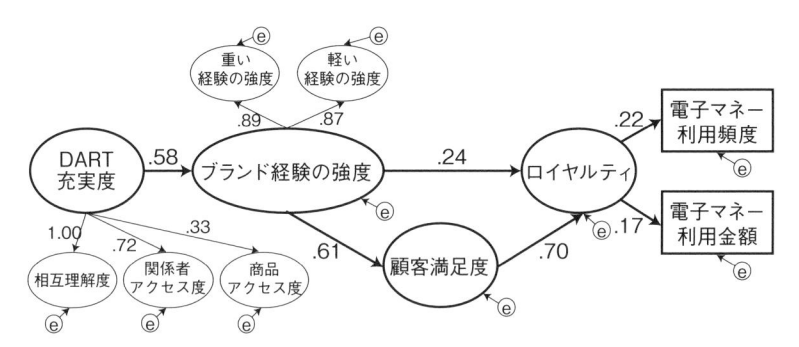

注：n=1,705，GFI=.82，CFI=.91，RMSEA=.056，χ^2=4,786，自由度 =1,089
〇は潜在変数，□は観測変数。数字は標準化係数であり，すべて1％水準で有意。

図3-2-6　実証モデル

---

[3] この図では観測変数は省略した。この図に示した以外に「相互理解度」から16個，「関係者アクセス度」から4個，「商品アクセス度」から2個，「受動的経験強度」から12個，「能動的経験強度」から3個，「顧客満足度」から5個，「ロイヤルティ」から5個の観測変数へのパスがある。また誤差変数間には複数の共分散の仮定を設けた。さらに当初の条件ではモデルが不適解となったが，これはサンプル変動のためであると考え，「相互理解度」の誤差の分散を0と仮定した（当該分散は十分に小さかった）。

ブランド経験の強度は，顧客満足度を経由してロイヤルティを規定している。ブランド経験強度は直接にもロイヤルティを規定しており，間接効果（0.61×0.70＝0.43）の半分程度の規定力を持っている。ロイヤルティは電子マネー利用頻度と利用金額を規定している。

このように電子マネーについても，改めてブランド経験価値の重要性が実証できたと共に，ブランド経験を形成するものがDARTであるという構造が確認できた。6つの仮説（H1～H6）は支持された。

（4）多母集団分析による仮説の検証

先に述べたように，交通系ICカードによる電子マネーに対するロイヤルティは，流通系の電子マネーと比べて，相対的に交通機関の企業ブランド力や沿線地域ブランド力の影響を受けやすいと考える。よってnimocaはEdyやWAONと比べて，顧客満足度を介さずに，経験価値が直接ロイヤリティを規定する傾向があると考えられる（H7）。

図3-2-7では多母集団分析を行った結果の，各ブランドのパス係数を表示した。ここに表示した以外のパス係数には等値制約を課した。パス係数間の差に対する検定統計量が1.96以上ならば5％水準で有意であるとされる。この基準によって両矢印で示した2つの数字の対の差が有意であった。

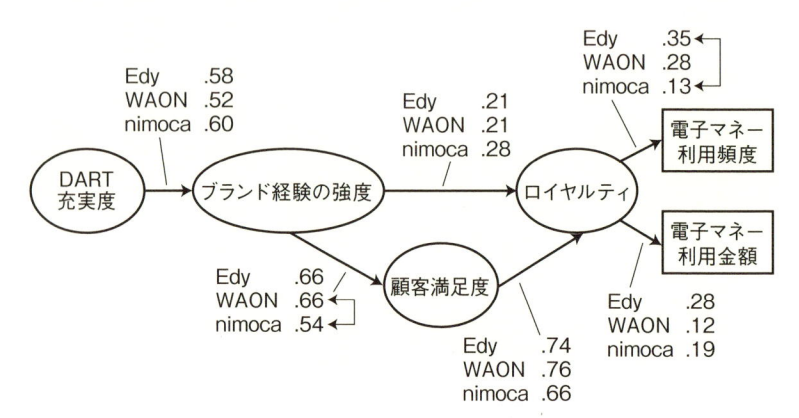

注：GFI=.74, CFI=.89, RMSEA=.036, χ^2=8,093, 自由度=3,351
　　Edy(n=311), WAON(n=289), nimoca(n=475)

図3-2-7　各ブランドの標準化パス係数

これによれば，nimoca はブランド経験が満足度に影響を与えにくい。即ち，相対的には西鉄の企業ブランドに対する評価が，顧客満足度を介さずに，直接にロイヤルティを規定している。電鉄サービスは「イメージ・ブランド」であり，サービス自体の機能的な改善によって利用促進が図られるものではなく，「参加」意識の醸成による経験価値の向上の方が効果的であると考えられる。仮説（H7）は指示されたと言えよう。

　なお，nimoca はロイヤルティの電子マネー利用頻度に対する規定力が相対的に低い。通勤通学の定期券利用を主目的としているためか，現時点ではロイヤルティと買い物での利用頻度の関係は弱いと考えられる。

　次に各因子の因子得点と電子マネー利用頻度・利用金額の平均値をブランドごとに比較する（表3-2-2）。nimoca は DART や経験価値のレベルが相対的に高くない。それでもロイヤルティが低くないのは満足度が下支えしているからだろう。今後は西鉄ブランドとしての DART と経験価値を向上させれば，より効率的にロイヤルティを上げることができよう。

　なお年間利用頻度は高いにもかかわらず利用金額が小さいため，1回あたりの購買単価が低く押さえられていることが分かる。現時点では買い物が主目的でないために購買単価が低くなっており，より高額の商品購買の機会を提供する必要があると考えられる。

表3-2-2　各ブランドの因子得点と平均値

一番使うICカード	因子得点					顧客満足度	ロイヤルティ	年間平均利用頻度(回)	年間平均利用金額(円)	n
	DART 充実度			経験価値強度						
	相互理解	関係者アクセス度	商品アクセス度	重い経験の強度	軽い経験の強度					
Edy	0.07	0.01	−0.17	−0.04	0.04	0.00	0.02	98	45,377	311
WAON	0.00	−0.03	0.24	0.02	0.07	−0.01	−0.07	90	80,863	289
nimoca	−0.05	0.02	−0.03	0.02	−0.07	0.01	0.03	108	30,279	475

7）電子マネー利用促進方法としての DART と経験価値

　以上のように仮説（H1〜H7）は支持された。従来は電子マネーについては機能的な利便性や経済性が注目されていたが，電子マネーの機能に対する満足度だけでなく，DART や経験価値がロイヤルティを規定しているとい

う構造が実証された。

　また特に交通系 IC カードの場合には，相対的にその機能よりも経験価値が重要であることが実証された。このように「DART」を充実させて消費者の参加と共創のための場を作り，「経験価値」を通じて「ブランド・ロイヤリティ」を高めることが効率的である。

　ただし交通系 IC カードの利用者の多くは定期券利用を主目的としているため，今後は駅などの移動ルート上に決済可能な店舗を多数開拓することにより，利用単価を上げる努力も必要である。

3．実証ケース3：IC カード型電子マネーの買い物での利用にみる DART とブランド経験

　前節の福岡地域の IC カードは，交通機関での利用が主流であった。電子マネーの買い物での利用についても「DART」と「ブランド経験」のモデルが提供可能であるか，東京地域で実証分析を行った。

1）問題の所在

　本論では交通系 IC カードと流通系 IC カードが多数競合する東京地域を対象に，渡部・岩崎（2009）が示す電子マネーの商品属性評価（利便性等）と，金森（2012a, 2012b, 2012d）が提案するブランド経験要因の両方を仮説モデルに取り込み，電子マネーの利用促進効果を実証する。

2）ブランド経験と DART

（1）電子マネー利用意向の規定要因

　渡部・岩崎（2009）の実証研究によれば，「交通機関利便性」「不安感」「利用場所の問題」の3つの要因が電子マネーの利用意向を規定していた。しかし複数のブランドが競合する成熟段階においては，ブランド・イメージなどの周辺的価値が重要となってくる。金森（2012a）は，広島での交通系 IC カードの普及スピードが，利便性評価だけでなく企業ブランドや地域ブランドの評価によっても規定されていることを実証した。また金森（2012d）

では，福岡での交通系ICカード（1ブランド）と流通系ICカード（2ブランド）を比較し，いずれのブランドにおいてもブランド経験が重要であるが，流通系ICカードの方が交通系ICカードよりも，ブランド経験が顧客満足度や電子マネー利用頻度を規定する力が大きいことが示された。

(2) 共感と参加

Keller（2003）はブランド構築のステップの最終段階として，消費者とブランドとの間に共鳴（レゾナンス）・共感が生まれ，この状態に至るとブランドは永続的に顧客を維持することができるようになるとしている。Muniz & O'guinn（2001）はサーブ，マッキントッシュ，フォード・ブロンコといったブランドについて調査し，ブランド・コミュニティに参加することで共感が生まれ，「仲間意識」「儀式と伝統」「倫理的責任」といった特徴が共通して観察されるとしている。また，一般にネットコミュニティへの参加がブランド態度形成に寄与しているとの実証結果が報告されている（金森 2009, 金森・西尾 2005）。

このように顧客がブランドと共鳴・共感して一体となり，コミュニティに参加している状態が，ブランド価値が高い状態である。

(3) 経験価値

Schmitt（1999）は顧客の経験するブランドの価値には5つの「戦略的経験価値モジュール（SEM）」があるとしてる（表3−1−2）。特に「RELATE」は，Keller（2003）の「レゾナンス」やMuniz & O'guinn（2001）の「ブランド・コミュニティ」に対応しており，特定のブランドを核としたコミュニティに所属しているという感覚が存在する状態であると考えられる。

後にBrakus, Schmitt & Zarantonello（2009）は，これらのブランド経験の強度がブランド・パーソナリティや顧客満足度を経由して，ブランド・ロイヤルティを規定するという実証研究結果を報告している。

(4) 共創とDART

Prahalad & Ramaswamy（2004）では，ブランド経験を充実させるためには消費者が価値創造のプロセスに参加しやすくなければならないとし，そのための4条件を「DART」として提案している（表3−1−3）。この4つ

の要素が揃った時,「RERATE」をはじめとするブランド価値を経験しやすくなる。その結果,「レゾナンス」が生じやすくなり,「ブランド・コミュニティ」が形成され,ブランド価値が高まっていくことが予想される。

3）電子マネー利用に関する仮説モデル

これまでの検討を踏まえて,図3-3-1のように5つのパスを持つ仮説モデルを提案する（H1）。電子マネーとその発行企業に関わるブランド経験が,顧客満足度を経て,買い物での電子マネーの利用頻度と年間利用金額を規定すると考える。そのブランド経験は,DARTの充実度によって規定されると仮定する。

また渡部・岩崎（2009）が示すように,電子マネーの商品属性評価（利便性等）が顧客満足度を規定するというパスも組み込んだ。かつては,この変数は電子マネーの利用意向を規定していなかったが,今日では規定力があると仮定する。

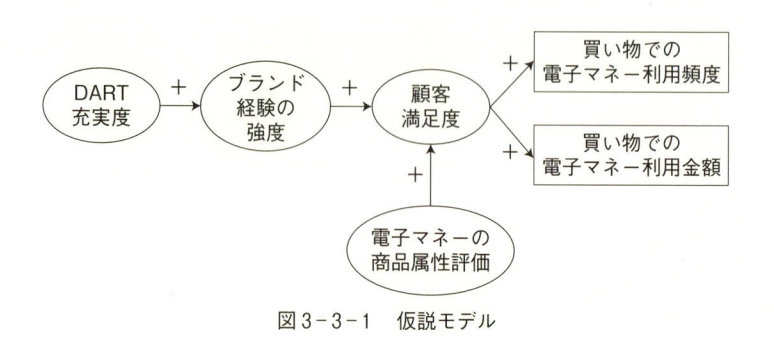

図3-3-1　仮説モデル

ここでさらに金森（2012d）を踏まえ,「ブランド経験の強度が顧客満足度を規定する力は,流通系ICカードよりも交通系ICカードの方が小さい（H2）」と,「顧客満足度が買い物での電子マネー利用頻度と利用金額を規定する力は,流通系ICカードよりも交通系ICカードの方が小さい（H3）」という2つの仮説を設定する。

4）実証方法

（1）調査の概要

以上の仮説を検証するためインターネットでのアンケート調査を実施した。対象は楽天リサーチ社の東京都在住の調査パネルである。JRと私鉄の両方を利用できる地域で，nanacoとWAONの比較が可能となるよう，江東区（人口46万人），目黒区（同27万人），文京区（同21万人）の3つの区を選定した。nanacoが使える「イトーヨーカ堂＋セブンイレブン」の店舗数とWAONが使える「イオン＋ミニストップ」の店舗数の比率は，江東区で75対25，目黒区で84対16，文京区で86対14である。江東区は相対的にWAON利用可能性が高い地域である。

江東区と目黒区＋文京区との2地域に分け，各地域で男女それぞれ20代から60代（一部70代で補充）に「電子マネーを利用している人」100サンプルずつを割り付け，2012年2月上旬に調査を実施し，全体で2,000サンプルの有効回答を得た。

（2）尺度

DART充実度については，Prahalad & Ramaswamy（2004）を用いて，後に示す表3-3-1の項目を用いた。「あてはまる」から「あてはまらない」までの5段階尺度で回答を得た。

ブランド経験価値の強度については，Schmitt（1999）を用いた。表3-3-2に示すとおりである。「そう思う」から「そう思わない」までの5段階尺度とした。

電子マネーの商品属性評価については渡部・岩崎（2009）を参考に，表3-3-3に示す項目を用いた。「あてはまる」から「あてはまらない」までの5段階尺度を用いた。

表3-3-4に示す通り，顧客満足度についてはOliver（1980）を用いた。「そう思う」から「そう思わない」までの5段階尺度とした。

買い物での電子マネー利用頻度は，最もよく使う電子マネー・ブランドについて，「ほぼ毎日」から「半年に1回程度かそれ以下」までの6段階尺度とした。

買い物での電子マネー利用金額は，最もよく使う電子マネー・ブランドについて，年間利用金額（円）で計測した。

5) 分析結果

(1) 電子マネー利用実態

最もよく使うブランドが主要5ブランドである1,917人について分析を行った。即ち Edy（289人），nanaco（119人），WAON（129人），Suica（735人），PASMO（645人）である。

Edy，nanaco，WAON といった流通系ブランドの利用者の中では，相対的に江東区に居住するサンプルが多い（図3-3-2）。男性比率が高いのは Suica と nanaco である（図3-3-3）。年代については，WAON ユーザーに20代が少なく，Edy では高齢者が少ない（図3-3-4）。職業では WAON ユーザーに無職もしくは専業主婦の比率が高い（図3-3-5）。買い物での利用頻度を比較すると，交通系ICカードの利用頻度が流通系のそれよりも高いことが分かる（図3-3-6）。しかし年間利用金額は WAON が相対的に高額である（図3-3-7）。

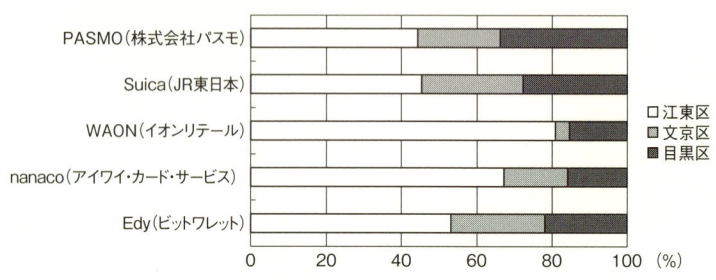

出所：電子マネーに関する調査（2012）

図3-3-2　最頻利用カード別利用者居住区

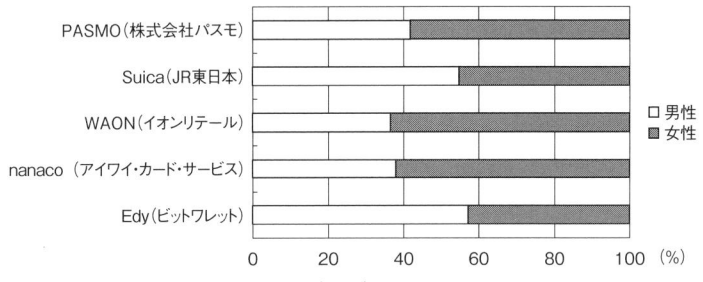

第3章 ブランド・ロイヤルティ向上のメカニズム 95

出所：電子マネーに関する調査（2012）

図3-3-3　最頻利用カード別利用者性別

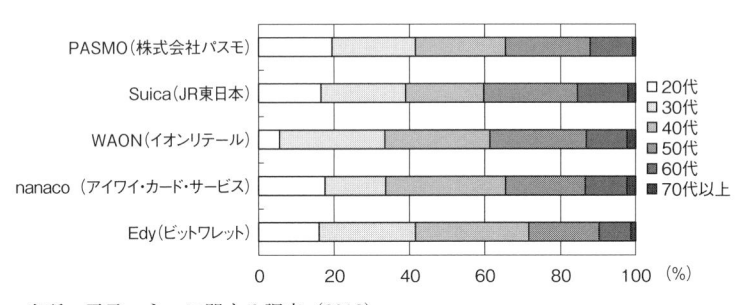

出所：電子マネーに関する調査（2012）

図3-3-4　最頻利用カード別利用者年齢

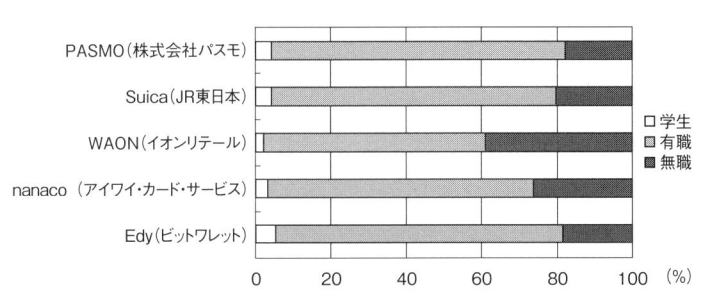

出所：電子マネーに関する調査（2012）

図3-3-5　最頻利用カード別職業

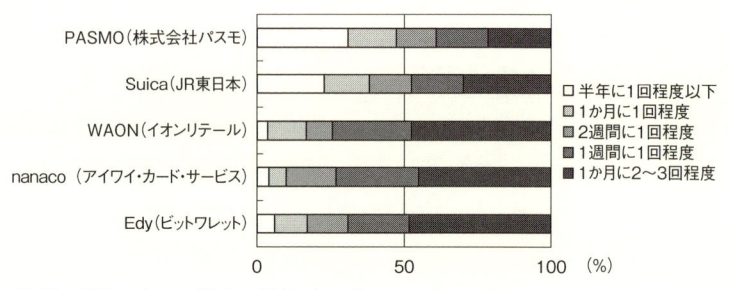

出所：電子マネーに関する調査（2012）

図3-3-6　最頻利用カード別利用頻度

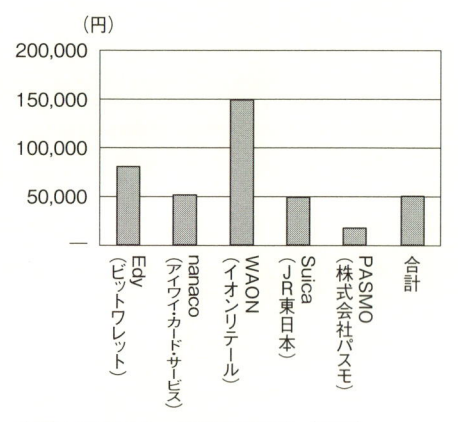

出所：電子マネーに関する調査（2012）

図3-3-7　最頻利用カード別年間利用金額

（2）因子分析による潜在変数の検討

次に，DART充実度（表3-3-1），ブランド経験強度（表3-3-2），電子マネーの商品属性評価（表3-3-3）について，因子分析を行った。最尤法を用い，バリマックス回転後の因子負荷量を利用した。その結果DARTでは3因子，ブランド経験では2因子，商品属性評価では4因子が抽出できた。なおいずれの因子についてもクロンバックのαは十分に大きい。

DART充実度とブランド経験強度については，金森（2012d）と同様の因

子が抽出された。電子マネーの商品属性評価については，プラスの評価である「利便性」とマイナスの評価である3つの因子が抽出された。

これらの因子を用いて共分散構造分析を行った。モデルに用いた観測変数と因子は表3－3－4の通りである。

表3－3－1　因子分析（DART 充実度）

観測変数	相互理解度	商品アクセス度	関係者アクセス度	α
この会社の商品・サービスはどのような方法で用意され，提供されているかを知っている	.71	.43	.28	.93
この会社の商品・サービスはどのような人が用意して提供しているか知っている	.68	.33	.37	
この会社の商品・サービスを用意するためどのような費用がかかっているかを知っている	.64	.29	.38	
この会社の商品・サービスの使用者は私の仲間であると感じる	.63	.25	.45	
この会社は私の望みを知っている	.63	.26	.41	
私にはこの会社の商品・サービスの開発や改良に参加している気持ちがある	.62	.25	.35	
この会社の商品・サービスを選択際には，十分に検討できるだけの情報がある	.61	.55	.19	
この会社の商品・サービスを使うためにやらなければならないことは分かっている	.57	.44	.23	
私はこの会社の商品・サービスを他人に勧めたことがある	.48	.40	.25	
この会社の商品・サービスをどこで入手できるかを知っている	.14	.82	.08	.90
この会社の商品・サービスの料金体系はよく分かっている	.25	.82	.13	
この会社の商品・サービスのことはよく知っている	.54	.59	.20	
この会社の商品・サービスの品質はよく知っている	.46	.56	.30	
この会社を知っている	.32	.55	.07	
この会社の商品・サービスはどのような技術をもとにして用意され，提供されているかを知っている	.49	.52	.27	
この会社の商品・サービスの使用者と話をしたことがある	.27	.47	.30	
この会社の商品・サービスに不具合があったとき，どのようにしたらよいか分かっている	.32	.47	.42	
この会社の関係者から連絡をもらったことがある	.24	.08	.89	.88
この会社の関係者を知っている	.28	.13	.80	
この会社の担当者には連絡できる	.25	.22	.74	
この会社の商品・サービスの関係者に連絡したり話したりしたことがある	.47	.20	.54	
この会社の商品・サービスを使うことによるデメリットはよく分かっている	.34	.44	.45	

表3-3-2 因子分析（ブランド経験の強度）

観測変数	重い経験の強度	軽い経験の強度	α
私に人間関係について考えさせる	.89	.24	
出会ったときには多くのことを考えてしまう	.89	.31	
いろんな感情を引き起こす	.85	.37	
特定の人々と関連づけられている	.81	.33	
視覚などの感覚に強い印象をもたらしてくれる	.78	.44	.96
私に考えさせる	.77	.42	
私はこの会社に強い感情をもっている	.69	.50	
身体的な経験を伴う	.67	.47	
商品・サービスえお使用すると，身体的な行動・動作を伴う	.61	.42	
行動志向だ	.24	.77	
好奇心と問題解決型思考を刺激する	.45	.77	
感覚的に訴えてくるので興味・関心がある	.52	.74	.92
感覚的に魅力を感じる	.18	.67	
社会的にルールや約束事を私に思い起こさせる	.53	.67	
情緒的に訴えてくる	.50	.66	

表3-3-3 因子分析（電子マネーの商品属性評価）

観測変数	利便性	入金不便性	利用コスト	利用場所不足	α
現金を持ち歩かずに済む	.72	.03	.00	−.03	
お店での支払いがはやい	.70	−.04	.06	−.10	
ポイントが付いて得だ	.60	.03	.02	.05	
将来利用できる場所が増えそう	.54	−.02	.11	−.07	.75
オートチャージが便利だ	.63	−.11	.03	.11	
入金額以上に使わずに済む	.47	.12	.00	.05	
入金額の上限が低い	.36	.26	−.02	.24	
デザインがよい	.31	.03	−.01	.04	
入金が面倒だ	−.05	.78	.17	.16	
入金できる場所が少ない	.15	.64	.10	.30	.76
残高が確認しにくい	.01	.60	.24	.16	
紛失による損が不安だ	.09	.16	.84	.08	
セキュリティが不安だ	.06	.23	.73	.17	.73
入手のときにデポジット代がかかるのが嫌だ	−.02	.37	.38	.11	
自分の行動範囲内で利用できる場所が少ない	.03	.32	.18	.84	.87
自分の行動範囲内で利用できる場所が分かりにくい	.03	.38	.23	.71	

表3-3-4　因子と観測変数

因子		係数1	観測変数	係数2
（なし）			買い物での電子マネー利用頻度	―
			買い物での電子マネー利用金額	―
顧客満足度			私はその電子マネーの品質に満足している	0.62
			もし変える機会があったとしても，私はこの電子マネーを選ぶ	0.76
			この電子マネーを選んだとしたら，私の選択は賢い	0.67
			この電子マネーを選ぶと決めたら，気分が良いと感じる	0.76
			この電子マネーを使って何かをしたら，幸福だと感じる	0.68
利便性（電子マネーの商品属性）			現金を持ち歩かずに済む	0.69
			お店での支払いがはやい	0.72
			ポイントが付いて得だ	0.59
			将来利用できる場所が増えそう	0.57
			オートチャージが便利だ	0.51
不満（電子マネーの商品属性）	入金不便性	0.86	入金が面倒だ	0.75
			入金できる場所が少ない	0.72
			残高が確認しにくい	0.68
	利用コスト	0.78	紛失による損が不安だ	0.78
			セキュリティが不安だ	0.85
			入手のときにデポジット代がかかるのが嫌だ	0.50
	利用場所不足	0.79	自分の行動範囲内で利用できる場所が少ない	0.85
			自分の行動範囲内で利用できる場所が分かりにくい	0.90
ブランド経験の強度	重い経験の強度	0.90	私に人間関係について考えさせる	0.87
			出会ったときには多くのことを考えてしまう	0.91
			いろんな感情を引き起こす	0.93
			特定の人々と関連づけられている	0.87
			視覚などの感覚に強い印象をもたらしてくれる	0.91
			私に考えさせる	0.89
			私はこの会社に強い感情をもっている	0.85
			身体的な経験を伴う	0.82
			商品・サービスを使用すると，身体的な行動・動作を伴う	0.74
	軽い経験の強度	0.94	行動志向だ	0.75
			好奇心と問題解決型思考を刺激する	0.89
			感覚的に訴えてくるので興味・関心がある	0.91
			感覚的に魅力を感じる	0.64
			社会的にルールや約束事を私に思い起こさせる	0.86
			情緒的に訴えてくる	0.84
DART充実度	相互理解度	1.02	この会社の商品・サービスはどのような方法で用意され，提供されているかを知っている	0.87
			この会社の商品・サービスはどのような人が用意して提供されているか知っている	0.84
			この会社の商品・サービスを用意するためどのような費用がかかっているかを知っている	0.79
			この会社の商品・サービスの使用者は私の仲間であると感じる	0.78
			この会社は私の望みを知っている	0.77
			私にはこの会社の商品・サービスの開発や改良に参加している気持ちがある	0.75
			私にはこの会社の商品・サービスを選択する際には，十分に検討できるだけの情報がある	0.82
			この会社の商品・サービスを使うためにやらなければならないことは分かっている	0.75
			私はこの会社の商品・サービスを他人に勧めたことがある	0.67
	商品アクセス度	0.91	この会社の商品・サービスをどこで入手できるかを知っている	0.63
			この会社の商品・サービスの料金体系はよく分かっている	0.74
			この会社の商品・サービスのことはよく分かっている	0.84
			この会社の商品・サービスの品質はよく知っている	0.75
			この会社を知っている	0.62
			この会社の商品・サービスはどのような技術をもとにして用意され，提供されているかを知っている	0.76
			この会社の商品・サービスの使用者と話をしたことがある	0.59
			この会社の商品・サービスに不具合があったとき，どのようにしたらよいか分かっている	0.68
	関係者アクセス度	0.73	この会社の関係者から連絡をもらったことがある	0.88
			この会社の関係者を知っている	0.85
			この会社の担当者には連絡できる	0.81
			この会社の商品・サービスの関係者に連絡したり話したりしたことがある	0.72
			この会社の商品・サービスを使うことによるデメリットはよく分かっている	0.61

注：係数2はその上位の因子から観測変数に引かれたパスの係数。係数1はさらに上位の因子から当該因子に引かれたパスの係数。

(3) 共分散構造分析による仮説の検証

図3-3-8が実証されたモデルである。観測変数，一部の潜在変数，誤差変数は記載を省略した。モデルの適合度はほぼ十分なレベルにあると言えよう。

仮説1の通り，DART充実度がブランド経験の強度を規定している。ブランド経験の強度は，顧客満足度を規定し，また電子マネーの商品属性評価因子である「利便性」と「不満」も顧客満足度を規定している。顧客満足度は買い物での電子マネー利用頻度と利用金額を規定している。全てのパス係数は1％水準で有意であり，仮説モデルは支持されたと言える。

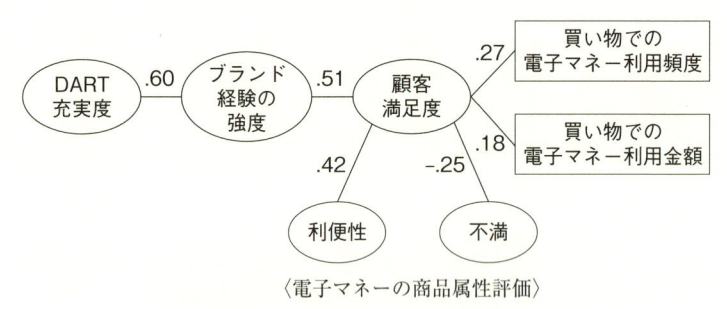

注：n=1,917, χ^2=10,807, 自由度=1,520, GFI=0.80, AGFI=0.78, CFI=0.89, RMSEA=0.06
○は潜在変数，□は観測変数。数字は標準化係数であり，すべて1％水準で有意。

図3-3-8　実証モデル

(4) 多母集団分析による仮説の検証

この実証モデルについて，流通系ICカードと交通系ICカードの2つに分けた多母集団分析を行った（表3-3-5）。各因子の構造についてはそのパス係数に等値制約を設けた。その結果，「DART充実度」から「ブランド経験の強度」へのパス係数と，「利便性」から「顧客満足度」へのパス係数について，いずれも交通系ICカードの方が有意に小さかった。しかし「ブランド経験の強度が顧客満足度を規定する力は，流通系ICカードよりも交通系ICカードの方が小さい（H2）」と，「顧客満足度が買い物での電子マネー利用頻度と利用金額を規定する力は，流通系ICカードよりも交通系ICカードの方が小さい（H3）」という2つの仮説はいずれも支持されなかった。

そこでさらにEdy, nanaco, WAON, Suica, PASMOの5ブランドに分けて多母集団分析を行った。その結果，PASMOについて「DART充実度⇒ブランド経験の強度」「利便性⇒顧客満足度」「顧客満足度⇒電子マネー利用頻度」「顧客満足度⇒電子マネー利用金額」のパス係数が有意に小さかった。よってH2は支持されなかったが，H3はPASMOに限っては支持されたという結果になった。

PASMOについては複数社の相乗りカードであるため，発行企業のイメージが曖昧であり，「DART充実度⇒ブランド経験の強度」のパス係数が小さいという結果になったと考えられる。また，PASMOユーザーはPASMO1枚しか保有していない人が多い（図3-3-9）。そのために利便性評価の程度が顧客満足度に影響しにくいとも考えられる。

表3-3-5 多母集団分析結果（パス係数）

	全体	多母集団分析（2集団）		多母集団分析（5集団）				
		流通系	交通系	Edy	nanaco	WAON	Suica	PASMO
n =	1,917	537	1,380	289	119	129	735	645
DART充実度⇒ブランド経験の強度	0.60	0.66 ↔ 0.58		0.67	0.57	0.71	0.63 ↔ 0.51	
ブランド経験の強度⇒顧客満足度	0.51	0.56	0.49	0.55	0.48	0.63	0.49	0.46
利便性（電子マネーの商品属性）⇒顧客満足度	0.42	0.46 ↔ 0.43		0.48	0.50	0.36	0.51 ↔ 0.34	
不満（電子マネーの商品属性）⇒顧客満足度	−0.25	−0.20	−0.26	**−0.14	**−0.21	−0.30	−0.23	−0.29
顧客満足度⇒買い物での電子マネー利用頻度	0.27	0.33	0.26	0.36	0.24	0.29	0.31	0.16
顧客満足度⇒買い物での電子マネー利用金額	0.18	0.16	0.21	0.21	×0.03	**0.19	0.24	**0.11

注：** 5％水準で有意，×10％水準でも有意でない，その他はすべて1％水準で有意。両矢印は5％水準で有意差のある係数の対。
　多母集団（2集団）：n = 1,917, χ^2 = 13,257, 自由度 = 3,090, GFI = 0.77, AGFI = 0.75, CFI = 0.88, RMSEA = 0.04。
　多母集団（5集団）：n = 1,917, χ^2 = 20,055, 自由度 = 7,800, GFI = 0.71, AGFI = 0.69, CFI = 0.86, RMSEA = 0.03。

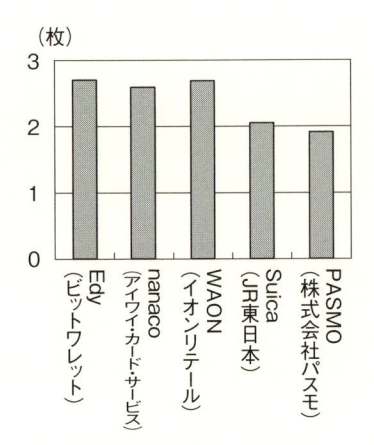

出所:電子マネーに関する調査2012

図3-3-9　最頻利用カード別保有カード枚数

6）結論

　以上のように仮説1は支持されたが，仮説2は支持されず，仮説3はPASMOに限って支持された。

　渡部・岩崎（2009）のモデルでは，電子マネーの商品属性としての利便性と不便さは，電子マネー利用意向を規定していなかったが，本論では規定力があることが確認された。また利用促進策として，商品属性の改善と同様にDARTやブランド経験を改良することが有効であることが分かった。

　交通系ICカードの中では複数社相乗りのPASMOについて，DARTの改善によるブランド経験の改良は難しく，また利便性の改善による顧客満足度向上と利用促進も困難であることが分かった。その背景にはPASMOユーザーはPASMOしか持っていないことが多いという状況が考えられる。

　今後PASMOユーザーにとっても他のICカード型電子マネーとの使い分けが進む可能性があり，流通系ICカードとの競争が激化すればDARTやブランド経験がより重要になってくるだろう。しかし30事業者の共同利用であるために，企業イメージが希薄である。DARTを充実させるためにブランド・イメージやブランド・アイデンティティの確立が重要である。

　以上が東京地域におけるICカード型電子マネーの利用構造である。今後

はDART充実のための具体策の検討が課題である。

4．実証ケース4：集団参加にみるDARTとブランド経験—スポーツ・コミュニティ

第2章に示したように，運動習慣の定着にはスポーツ・クラブやサークルという集団参加が効果的であった。本節では集団参加にも「DART」と「ブランド経験」が影響を与えているかどうか，実証分析を行う。

1）問題の所在

生活習慣病予防のためには，「食事改善」と「運動」による肥満の防止が効果的である。しかしダイエット行動は長続きせず，リバウンドしてしまうことが多い。健康的な食生活や運動習慣の「維持期」（Prochaska & DiClemente 1983）に移行するための方策が求められている。

近年ではダイエット支援サービスとして，ネットを活用したサービスが増えてきている（三健人，みんなでダイエッチュ，NIKE+など）。これらのサービスでは何らかの形で同じ悩みを持つ人々との交流が可能となっており，一定の効果をあげている（金森 2011）。

金森（2012c）は健康的な生活習慣の定着には所属集団の力が重要であるが，食事と運動ではその集団の種類が異なることを実証した。即ち，健康的な食事習慣の維持には家族が，運動の継続のためには一緒に運動する仲間が必要である。家族は多目的な集団であり，その形成と維持については多くの研究成果がある。しかし運動する仲間を見つけて，そこで運動習慣を維持するための条件については研究成果が少ない。

以上の問題意識から，本節では中高年男性のスポーツクラブ・サークルへの参加と運動継続を規定する要因について明確にし，実証することを目的とする。

2）運動継続のコミュニティ効果

（1）集団の生活習慣改善効果

　ダイエットのためには「運動」と「健康な食事」の習慣化が必要である。従来は「ダイエットに対する態度」を変容させるための指導が一般的であったが，期待されるほどの効果を発揮してこなかった。そこで前述の金森（2012c）ではダイエット行動の規定要因として所属集団のソーシャル・サポートに注目した。

　全国の30～60代の男性1000人に対してアンケート調査を実施し，クロス集計，重回帰分析とパス解析を行った。その結果，ダイエットに対する態度のうち「ダイエット有益度」「ダイエット障害度」「ダイエット自己効力感」が運動習慣と食事習慣を規定していることが確認できた。また所属集団の要因としては，「一緒に運動する仲間の人数」が運動習慣に影響を与え，「一緒に食事をする人数」と「家族に大切にされている程度」が食事習慣に影響を与えていることが明らかになった。なお肥満度は運動習慣と食事習慣によって規定されるが，外生変数として重要な要因は「親の肥満度」と「年齢」であった（図2-2-2）。

　これらの分析から，食事については「家族」の，運動については「運動する仲間」のソーシャル・サポートが重要であることが確認された。

（2）スポーツ・コミュニティの効果

　家族以外の「仲間」については，都市社会学でのコミュニティ論において研究されてきた。しかし都市コミュニティ論においては，スポーツ・コミュニティは「アクセサリー的皮相構造」として軽視されることが多く，スポーツの集団論的研究は遅れていた（伊藤・松村 2009）。しかし近年では次第に研究対象としてスポーツ・コミュニティが取り上げられるようになってきた。たとえば田中（2009）は，「頂点スポーツ（チャンピオンシップ・スポーツ）」と「幅広スポーツ（裾野スポーツ）」を区別し，後者についての事例研究により，社会関係の重要性を提案している。

　一方で体育学の分野での研究では，スポーツ行動を規定する要因として，社会経済文化的要因，スポーツ関連要因，身体的要因，心理的要因などがあ

げられている（金崎・多々納・德永・橋本 1981）。特に社会的要因としての「主観的規範」に注目した研究もある（須藤 2008）。また金崎・德永・藤島・岡部・橋本（1989）は，運動継続のためには一緒に運動する仲間が揃っていることが重要であるとしている。関連して運動コミットメントの尺度化を試みた研究もある（金崎 1992）。しかし多くの研究は大学生の競技型スポーツを対象とした研究であり，「幅広スポーツ（裾野スポーツ）」については女性を対象とした研究はあるが，中高年男性のスポーツ・コミュニティ研究は少ない。

このように中高年男性の運動継続の要因として「運動する仲間」を取り上げた研究は少なく，スポーツ・コミュニティ参加と運動継続の要因についての実証研究が必要である。

（3）ブランド・コミュニティにおける DART と経験価値

ブランド論の分野の研究では，近年「ブランド・コミュニティ」という概念が注目されている。特定のブランドのファンはコミュニティを形成しており，ブランド・コミュニティへ参加させて継続的に所属させることにより「ブランド価値」が高まるという考え方である。この構造はスポーツ・コミュニティにも応用可能であると考えられる。

Keller（2003）はブランド構築のステップの最終段階として，消費者とブランドとの間に共鳴（レゾナンス）・共感が生まれ，この状態に至るとブランドは永続的に顧客を維持することができるようになるとしている。Muniz & O'guinn（2001）はサーブ，マッキントッシュ，フォード・ブロンコといったブランドについて調査し，ブランド・コミュニティに参加することで共感が生まれ，「仲間意識」「儀式と伝統」「倫理的責任」といった特徴が共通して観察されるとしている。また，一般にネットコミュニティへの参加がブランド態度形成に寄与しているとの実証結果が報告されている（金森 2009）。このように顧客がブランドと共鳴・共感して一体となり，コミュニティに参加している状態が，ブランド価値が高い状態である。

Schmitt（1999）は顧客の経験するブランドの価値には5つの「戦略的経験価値モジュール（SEM）」があるとしている（表3-1-2）。特に「RELATE」は，Keller（2003）の「レゾナンス」や Muniz & O'guinn（2001）

の「ブランド・コミュニティ」に対応しており，特定のブランドを核としたコミュニティに所属しているという感覚が存在する状態であると考えられる。後に Brakus, Schmitt & Zarantonello (2009) は，これらのブランド経験の強度がブランド・パーソナリティや顧客満足度を経由して，ブランド・ロイヤルティを規定するという実証研究結果を報告している。

Prahalad & Ramaswamy (2004) では，ブランド経験を充実させるためには消費者が価値創造のプロセスに参加しやすくなければならないとし，そのための4条件を「DART」として提案している（表3-1-2）。この4つの要素が揃った時，「RERATE」をはじめとするブランド価値を経験しやすくなる。その結果，「レゾナンス」が生じやすくなり，「ブランド・コミュニティ」が形成され，ブランド価値が高まっていくことが予想される。

DART がブランド経験価値を規定し，ブランド経験価値が顧客満足度とロイヤルティを規定するというモデルは，実際に多くの商品カテゴリーで実証された（金森 2012b）。

3）スポーツ・コミュニティ参加に関する定性分析〈研究1〉

これらの先行研究を踏まえて，スポーツ・コミュニティ参加と運動継続の要因を特定化するために，30代から50代までの男性を対象としたグループインタビューを実施した。2012年2月16日木曜日19時から20時30分まで，会場は浜松町の株式会社ドゥ・ハウスのインタビュールームである。

主なインタビュー項目は，スポーツ実施状況・過去経緯（部活動など），クラブ・サークルでの活動状況，クラブ・サークルでのコミュニケーション，クラブ・サークルでのサイト活用について，である。最後のサイト活用については，以下の4つのサイトを見せて評価してもらった。すなわち，ヨコハマミナトサイクリングクラブ (http://www.ymcc-kanagawa.org/)，GO.FIELD アソシエイツ (http://www.gfjassociates.com/)，スポーツ総合サイト・スポーツワン (http://www.facebook.com/sportsone.jp)，J・SPORTS・サイクル部 (http://www.facebook.com/jspocycleclub) である。

第3章 ブランド・ロイヤルティ向上のメカニズム

表3-4-1　フォーカスグループインタビューの主要結果

	1	2	3	4	5	6
年齢	45	46	39	36	41	50
居住地	埼玉県朝霞市	東京都江東区	東京都江東区	東京都中野区	千葉県市川市	東京都世田谷区
家族構成	妻，長男(小3)，長女(年中)	妻，長男(大3)，長女(大1)	一人暮らし	妻，長女(4歳)	妻，長男(2歳)	一人暮らし
職業	福祉系会社総務	公務員	旅行会社	ソフトウエア開発営業	幼児用製品メーカー営業	機械製造総務
主な種目	野球，フットサル	フットサル，ソフトボール	バレーボール	バスケットボール	野球	水泳，ウェイトトレーニング
クラブ・サークル	職場のサークル	小学校の親子でフットサルと野球のチーム結成	ネット上で応募。あまりハイレベルなチームは避ける	mixi 上で応募。自分に合ったレベルのチーム。メンバーの年齢が近い	mixi 上で誘われた	一人で民間のジムに行くようになった
メンバーのレベル		むきになって勝とうとしない方が長続きする	20代の高レベルメンバーが入ってきて，勝負にこだわるようになった	一生懸命やるチームと，家族を連れて行くチームを分けている	女性は混ぜない	
リーダーの仕事	会社の補助，労災の手続き	熱心でマメな人がグランド予約	体育館をとって大会も	mixi でメンバー募集。歓迎会などの雰囲気づくり		メンバーのモチベーションアップ
ネット活用	メールくらい	メールくらい	最初のみ	最初のみ	普段は Skype や twittr で連絡	メールくらい

出所：スポーツクラブ・サークルに関するインタビュー（2012）

　スポーツクラブ・サークルに所属している人6人をリクルーティングした（表3-4-1）。ほとんどの人が学生時代に運動部での活動の経験があった。

　スポーツクラブ・サークルを選択する際に注意する点は，第一にメンバーのレベルである。メンバーの技能が高すぎても低すぎても敬遠される。また年齢層は近い方がよく，あまり若いメンバーがいると試合結果や記録にこだわってしまって長続きしないようである。さらに男性だけのクラブ・サークルの方がよく，「女性が入ると雰囲気が変わってしまう」という発言があった。日常的・継続的な活動のためには居住地域と近い方がよい。ただしメンバーの職業はあまり意識していないようである。

　活発な活動のためにはリーダーが重要であることも分かった。リーダーにはメンバーのやる気を高めたり，マネージャーとして場の設定をしたりすることが期待されている。

　中高年になると「あまりムキになってやりたくない」との発言があった。トレーニングよりも楽しい練習試合が好まれる。あまりまじめにやりすぎると「グループ内の人間関係が壊れる」とも言われる。そのため，多くの人の

クラブ・サークルで飲み会が半ば目的化しており，バーベキュー，クリスマス会，花見，花火見物などが実施されている。

入会時は mixi や一般のホームページで丁寧に情報を検索して比較検討している。しかし普段の連絡はメール，twitter, facebook, skype などのリアルタイム・メディアが好まれる。但し今後は入会時に facebook は有用であろうとの発言があった。個人名をクリックするとプロフィールが分かるので，どのような技能レベルの人かが分かるからである。

4）スポーツ・コミュニティ参加の規定要因の定量分析〈研究2〉

（1）仮説モデル

これまでの検討を踏まえて，図3-4-1のように5つのパスを持つ仮説モデルを提案する。スポーツクラブ・サークルについての DART と経験価値が，クラブ・サークルに対する満足度とロイヤルティを経て，クラブ・サークル継続期間を規定すると考える。

また研究1の結果から，メンバーの技能レベルなどの同質性や居住地域との近接性といった「クラブ・サークルの知覚品質」が顧客満足度を規定するというパスも組み込んだ。

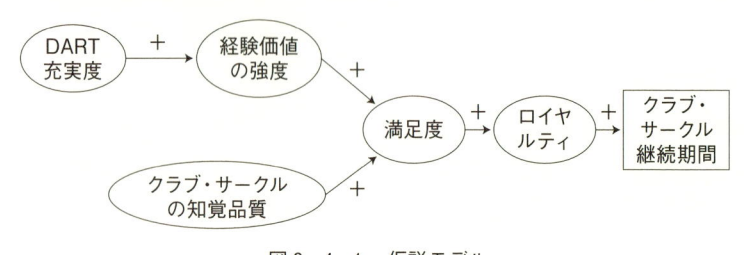

図3-4-1　仮説モデル

（2）調査の概要

以上の仮説を検証するため，2012年1月下旬にインターネットでのアンケート調査を実施した。対象は楽天リサーチの全国調査パネルである。スクリーニング質問は「あなたはスポーツに関わるサークルやクラブに所属して運動していますか。スポーツに関わるサークルやクラブとは，地域，職場，

学校のサークルや，民間企業経営のスポーツジム・フィットネスクラブなどを指します」である。男性30代，40代，50代，60代について，それぞれ500サンプルの有効回答を得た。

（3）尺度

DART充実度については，Prahalad & Ramaswamy（2004）を用いて，後に示す表3-4-2の項目を用いた。「あてはまる」から「あてはまらない」までの5段階尺度で回答を得た。

経験価値の強度については，Schmitt（1999）を用いた。表3-4-3に示すとおりである。「そう思う」から「そう思わない」までの5段階尺度とした。

二宮・菊池・守能・池田・永吉（1994）の商業スポーツクラブの研究では，その品質要因として，立地，施設，スタッフ，プログラム，知名度，料金，雰囲気，営業時間，混み具合などをあげている。クラブ・サークルの知覚品質についてはこれらを参考に，研究1の結果からメンバー評価を充実させ，表3-4-4に示す項目を用いた。「あてはまる」から「あてはまらない」までの5段階尺度を用いた。

表3-4-5に示す通り，満足度についてはOliver（1980）を用い，ロイヤリティについてはYoo & Donthu（2001）を用いた。いずれも「そう思う」から「そう思わない」までの5段階尺度とした。

クラブ・サークルの継続期間は，「あなたがそのスポーツに関わるサークルやクラブに入会してからどのくらいがたちましたか」という質問に対し，「20年以上」から「1か月未満」までの8段階尺度とした。

（4）因子分析による潜在変数の検討

次に，DART充実度（表3-4-2），経験価値強度（表3-4-3），クラブ・サークルの知覚品質（表3-4-4）について，因子分析を行った。最尤法を用い，バリマックス回転後の因子負荷量を利用して因子を抽出した。その結果DARTでは3因子，経験価値では2因子，クラブ・サークル知覚品質では6因子が抽出された。

DART充実度については，現在のDARTと過去の入会前のDARTの2つの因子と，仲間や参加に関わる3つめの因子が抽出された。前2因子はそれ

ぞれ「対話」「アクセス」「リスク」「透明性」の4分野にまたがっているが，第3因子は「対話」だけに分類される。クロンバックのαは十分に大きい。

経験価値強度の2因子は，「思考性・関係性」の因子と，「感覚性・感情性・行動性」の因子に分かれた。前者はクールでドライであり，後者はホットでウェットな因子であると考えられる。クロンバックのαは十分に大きい。

クラブ・サークルの知覚品質では6因子が抽出された。「価値観同質性」，

表3-4-2　因子分析（DART 充実度）

観測変数	現在性	過去性	仲間・参加性	対話	アクセス	リスク	透明	α
【現在】提供されるサービスの品質はよく知っている	0.82	0.22	0.04				○	0.95
【現在】提供されるサービスを利用することによるリスクやデメリットはよく分かっている	0.80	0.21	0.11			○		
【現在】サークル・クラブから提供されるサービスの内容はよく知っている	0.75	0.19	0.14				○	
【現在】提供されるサービスはどのような方法で準備されているかを知っている	0.75	0.21	0.23				○	
【現在】提供されるサービスを選択する際には，十分に検討できるだけの情報がある	0.74	0.24	0.05		○			
【現在】提供されるサービスに不具合があったとき，どうしたらよいか分かっている	0.74	0.18	0.15			○		
【現在】運営する関係者には連絡できる	0.71	0.13	0.29		○			
【現在】どのような人が運営しているかを知っている	0.69	0.17	0.36		○			
【現在】このスポーツサークルやクラブは私の望みを知っている	0.66	0.21	0.25	○				
【現在】運営する関係者から連絡をもらったことがある	0.65	0.08	0.46	○				
【現在】メンバーとしてやらなければならないことは分かっている	0.64	0.10	0.45		○			
【現在】運営にどのような費用がかかっているかを知っている	0.63	0.11	0.49				○	
【現在】メンバーにはどのような人達がいるかを知っている	0.63	0.07	0.61			○		
【現在】他人に入会を勧めたことがある	0.50	0.16	0.29	○				
【入会前】どのような人々が運営しているかを知っていた	0.22	0.78	0.14		○			0.86
【入会前】かかる費用の体系を知っていた	0.16	0.75	−0.10		○			
【入会前】メンバーにはどのような人達がいるかを知っていた	0.12	0.62	0.59		○			
【入会前】どこで活動しているかを知っていた	0.23	0.62	0.25		○			
【入会前】以前から存在を知っていた	0.10	0.61	0.03		○			
【入会前】運営する関係者に連絡したり，関係者と話したりしたことがあった	0.23	0.59	0.45	○				
【現在】このスポーツサークルやクラブのメンバーは私の仲間であると感じる	0.59	0.08	0.61	○				0.72
【入会前】メンバーと話をしたことがあった	0.11	0.50	0.60	○				
【現在】運営に参加している気持ちがある	0.50	0.09	0.55	○				

「運動能力優越性」,「クラブ伝統性」のクロンバックのαは十分に大きいが, その他の3因子のαは0.65未満であった。第4因子については因子負荷量が上位の2変数のみ採用して「目的適合性」とした。αは0.65である。研

表3-4-3 因子分析（経験価値の強度）

観測変数	思考性・関係性	感覚性・感情性・行動性	分類					α
			感覚	感情	行動	思考	関係	
このサークル・クラブの情報に出会ったときには多くのことを考えてしまう	0.76	0.29				○		0.91
このサークル・クラブはいろんな感情を引き起こす	0.75	0.37		○				
特定の人々との関連が思い起こされる	0.73	0.29					○	
視覚などの感覚に強い印象をもたらしてくれる	0.73	0.35	○					
このサークル・クラブは私に人間関係について考えさせる	0.73	0.24					○	
このサークル・クラブは私に考えさせる	0.69	0.39				○		
行動志向だ	0.21	0.74			○			0.90
感覚的に魅力を感じる	0.17	0.69	○					
私の好奇心や問題解決型思考を刺激する	0.36	0.69				○		
感覚的に訴えてくるので興味・関心がある	0.46	0.65	○					
私はこのサークル・クラブに強い感情をもっている	0.47	0.62		○				
このサークル・クラブは身体的な経験を伴う	0.36	0.56			○			
このサークル・クラブのサービスを使用すると, 身体的な行動・動作を伴う	0.31	0.54			○			
社会的ルールや約束事を私に思い起こさせる	0.48	0.53					○	
情緒的に訴えてくる	0.45	0.48		○				

表3-4-4 因子分析（クラブ・サークルの知覚品質）

観測変数	価値観同質性	運動能力優越性	クラブ伝統性	目的適合性	スポーツ意識優越性	社会的優越性	α	
運動以外の活動でもメンバーと付き合いがある	0.85	0.04	0.04	0.02	0.06	−0.04	0.80	
気の合うメンバーが多い	0.76	0.06	−0.01	0.30	0.06	−0.05		
メンバーから頻繁に誘いがある	0.74	0.13	0.15	0.02	0.10	−0.05		
自分と似た生活価値観・信条のメンバーが多い	0.70	0.04	0.08	0.12	−0.03	−0.04		
自分と同じような職業のメンバーが多い	0.31	0.13	0.05	−0.02	−0.11	0.02		
私は他のメンバーより運動能力が上である	0.28	0.86	0.07	0.10	−0.05	0.01	0.76	
私は他のメンバーよりスポーツが上手である	0.24	0.75	0.12	0.14	0.03	0.02		
他のメンバーの運動技能・知識は私より低い	−0.08	0.53	0.00	−0.05	0.49	0.09		
そのスポーツサークルやクラブには伝統がある	0.11	0.06	0.87	0.16	−0.03	0.01	0.86	
そのスポーツサークルやクラブは古くからある	0.16	0.10	0.82	0.12	−0.05	−0.02		
そのスポーツサークルでは気楽に活動できる	0.20	0.06	−0.12	0.74	0.05	−0.04	0.61	0.65
そのスポーツサークルやクラブは私の目的に合っている	0.18	0.01	0.06	0.60	0.05	−0.04		
そのスポーツサークルやクラブがある地域はよく知っている	0.12	0.04	0.19	0.51	0.03	0.03		
行くのに便利な場所にある	−0.13	0.03	0.05	0.35	−0.04	0.04		
他のメンバーの運動経験期間は私より短い	0.05	0.27	0.03	−0.02	0.66	0.06	0.43	
他のメンバーの道具は私のものより低級である	−0.11	0.22	0.01	0.00	0.37	0.17		
他のメンバーの年齢はおおむね私より下である	0.05	−0.07	−0.01	0.01	0.35	0.21		
一緒に活動するメンバー数が少なすぎると感じる	−0.01	−0.08	−0.05	0.02	0.25	0.02		
メンバーは競技志向よりも交流思考が強い	−0.02	−0.01	−0.23	0.04	0.23	0.02		
他のメンバーの年収はおおむね私より下である	0.00	0.05	0.00	−0.01	0.13	0.88	0.58	
他のメンバーの学歴はおおむね私より下である	−0.11	0.04	−0.02	0.02	0.23	0.43		

表3-4-5　因子と観測変数

因子1	因子2	パス係数1	観測変数	パス係数2
クラブ・サークル継続期間				—
ロイヤルティ			これからずっと，私はこのスポーツサークルやクラブに所属し続ける	0.84
			私はもう一度選ぶ機会があっても，このスポーツサークルやクラブを選択する	0.90
			私は選べるとしたら，このスポーツサークルやクラブが提供するサービスをまず選択する	0.87
			もしこのスポーツサークルやクラブのサービスを選択できるなら，他のサービスは選ばない	0.70
			私はこのスポーツサークルやクラブを他人に勧める	0.64
満足度			提供されるサービスの品質に私は満足している	0.69
			もし変える機会があっても，私はこのスポーツサークルやクラブを選択する	0.81
			このスポーツサークルやクラブを選んだ私の選択は賢い	0.80
			このスポーツサークルやクラブを選ぶと決めた時，気分が良いと感じた	0.76
			このスポーツサークルやクラブに所属して活動したら，幸福だと感じる	0.83
クラブ・サークルの知覚品質	価値観同質性	0.58	運動以外の活動でもメンバーと付き合いがある	0.82
			気の合うメンバーが多い	0.82
			メンバーから頻繁に誘いがある	0.73
			自分と似た生活価値観・信条のメンバーが多い	0.71
			自分と同じような職業のメンバーが多い	0.29
	運動能力優越性	0.34	私は他のメンバーより運動能力が上である	0.87
			私は他のメンバーよりスポーツが上手である	0.85
			他のメンバーの運動技能・知識は私より低い	0.45
	クラブ伝統性	0.28	そのスポーツサークルやクラブには伝統がある	0.87
			そのスポーツサークルやクラブは古くからある	0.87
	目的適合性	0.84	そのスポーツサークルでは気楽に活動できる	0.66
			そのスポーツサークルやクラブは私の目的に合っている	0.73
経験価値の強度	思考性・関係性	0.78	このサークル・クラブの情報に出会ったときには多くのことを考えてしまう	0.81
			このサークル・クラブはいろんな感情を引き起こす	0.84
			特定の人々との関連が思い起こされる	0.79
			視覚などの感覚に強い印象をもたらしてくれる	0.82
			このサークル・クラブは私に人間関係について考えさせる	0.74
			このサークル・クラブは私に考えさせる	0.80
	感覚性・感情性・行動性	1.05	行動志向だ	0.71
			感覚的に魅力を感じる	0.68
			私の好奇心や問題解決型思考を刺激する	0.76
			感覚的に訴えてくるので興味・関心がある	0.79
			私はサークル・クラブに強い感情をもっている	0.81
			このサークル・クラブは身体的な経験を伴う	0.67
			このサークル・クラブのサービスを使用すると，身体的な行動・動作を伴う	0.62
			社会的にルールや約束事を私に思い起こさせる	0.71
			情緒的に訴えてくる	0.65
DART充実度	現在性	0.97	【現在】提供されるサービスの品質はよく知っている	0.76
			【現在】提供されるサービスを利用することによるリスクやデメリットはよく分かっている	0.76
			【現在】サークル・クラブから提供されるサービスの内容はよく知っている	0.77
			【現在】提供されるサービスはどのような方法で準備されているかを知っている	0.80
			【現在】提供されるサービスを選択する際には，十分に検討できるだけの情報がある	0.72
			【現在】提供されるサービスに不具合があったとき，どうしたらよいか分かっている	0.74
			【現在】運営する関係者には連絡できる	0.75
			【現在】どのような人が運営しているかを知っている	0.80
			【現在】このスポーツサークルやクラブは私の望みを知っている	0.75
			【現在】運営する関係者から連絡をもらったことがある	0.77
			【現在】メンバーとしてやらなければならないことは分かっている	0.78
			【現在】運営にどのような費用がかかっているかを知っている	0.80
			【現在】メンバーにはどのような人達がいるかを知っている	0.81
			【現在】他人に入会を勧めたことがある	0.61
	過去性	0.60	【入会前】どのような人々が運営しているかを知っていた	0.76
			【入会前】かかる費用の体系を知っていた	0.59
			【入会前】メンバーにはどのような人達がいるかを知っていた	0.78
			【入会前】どこで活動しているかを知っていた	0.71
			【入会前】以前から存在を知っていた	0.57
			【入会前】運営する関係者に連絡したり，関係者と話したりしたことがあった	0.80
	仲間・参加性	0.97	【現在】このスポーツサークルやクラブのメンバーは私の仲間であると感じる	0.84
			【入会前】メンバーと話をしたことがあった	0.50
			【現在】運営に参加している気持ちがある	0.74

注：係数2はその上位の因子から観測変数に引かれたパスの係数。係数1はさらに上位の因子から当該因子に引かれたパスの係数。

究1では職業の同質性は強調されなかったが，本音としては価値観の同質性を担保する程度の職業の同質性は重視されているようである。しかし使って

いる道具の程度，年収や学歴の高低などについては相対的に重視されていないようである。

これらの因子を用いて共分散構造分析を行った。モデルに用いた観測変数と因子は表3-4-5の通りである。なお満足度のαは0.89，ロイヤルティのαは0.89であった。

（5）共分散構造分析による仮説の検証

図3-4-2が実証されたモデルである。観測変数，誤差変数は記載を省略した。モデルの適合度はほぼ十分なレベルにあると言えよう。なお記載は省略するが，複数の相関関係を仮定し，探索的にモデルの適合度向上を図った。

仮説モデルの通り，DART充実度が経験価値の強度を規定している。経験価値の強度は，クラブ・サークルの満足度を規定し，またクラブ・サークルの知覚品質も満足度を規定している。満足度はクラブ・サークルへのロイヤルティを規定し，ロイヤルティはクラブ・サークルの継続期間を規定している。全てのパス係数は1％水準で有意であり，仮説モデルは支持されたと言える。

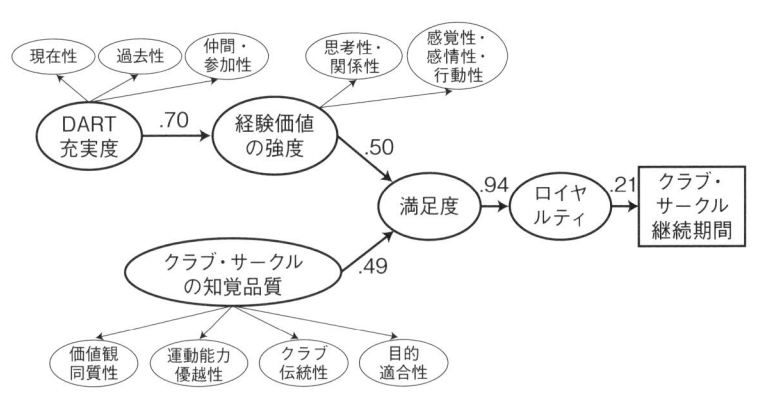

注：n=2,000，χ^2=13,383，自由度=1,741，GFI=0.78，AGFI=0.76，CFI=0.87，RMSEA=0.06
　　○は潜在変数，□は観測変数。数字は標準化係数であり，すべて1％水準で有意。

図3-4-2　実証モデル

（6）多母集団分析

　この実証モデルについて，いくつかのセグメントに分けた多母集団分析を行った（表3-4-6）。第一に，クラブ・サークルの形態がボランタリーなサークルであるものと民間企業や自治体が経営するスポーツジム・フィットネスクラブとに分けた。第二に，クラブ・サークルへの参加目的が競技を指向した「ハード」な場合と，日常的な体力づくりや楽しみを指向した「ソフト」な場合とに分けた。第三に，クラブ・サークルの規模が10人以下と11人以上とに分けた。第四に，年齢が30代，40代，50代，60代の4セグメントに分けた。各因子の構造についてはそのパス係数に等値制約を設けた。

　その結果，「DART充実度⇒経験価値の強度」のパスについてのみ，3つの有意差が観察された。すなわち，参加目的において「ハード」な場合の方が「ソフト」な場合よりもパス係数が大きい。記録や試合を重視する方がクラブ・サークルに対して要求水準が厳しくなるために，そのDARTの充実

表3-4-6　多母集団分析結果（パス係数）

	全体	形態*		参加目的		規模	
		サークル	企業・自治体	ハード	ソフト	10人以下	11人以上
n =	2,000	1,164	701	584	1,416	1,077	923
DART充実度⇒経験価値の強度	0.70	0.66	0.68	0.71 ⟷ 0.68		0.69 ⟷ 0.67	
経験価値の強度⇒満足度	0.50	0.48	0.44	0.50	0.49	0.49	0.48
クラブ・サークル知覚品質⇒満足度	0.49	0.50	0.50	0.50	0.51	0.51	0.51
満足度⇒ロイヤルティ	0.94	0.94	0.92	0.94	0.93	0.93	0.94
ロイヤルティ⇒クラブ・サークル継続期間	0.21	0.18	0.12	0.18	0.18	0.17	0.15

	年代			
	30代	40代	50代	60代
n =	500	500	500	500
DART充実度⇒経験価値の強度	0.73	0.71	0.67 ⟷ 0.73	
経験価値の強度⇒満足度	0.53	0.56	0.56	0.42
クラブ・サークル知覚品質⇒満足度	0.45	0.48	0.43	0.51
満足度⇒ロイヤルティ	0.94	0.94	0.93	0.95
ロイヤルティ⇒クラブ・サークル継続期間	0.21	0.20	0.25	0.18

注：＊「形態」については「その他」がn＝135。
　　すべて1％水準で有意。両矢印は5％水準で有意差のある係数の対。
　　多母集団1（クラブ・サークルの形態）：n＝2,000, χ^2＝14,642, 自由度＝3,537, GFI＝0.75, AGFI＝0.74, CFI＝0.85, RMSEA＝0.04
　　多母集団2（クラブ・サークル参加目的）：n＝2,000, χ^2＝15,993, 自由度＝3,537, GFI＝0.75, AGFI＝0.74, CFI＝0.86, RMSEA＝0.04
　　多母集団3（クラブ・サークルの規模）：n＝2,000, χ^2＝15,689, 自由度＝3,537, GFI＝0.75, AGFI＝0.74, CFI＝0.85, RMSEA＝0.04
　　多母集団4（年代）：n＝2,000, χ^2＝20,741, 自由度＝7,129, GFI＝0.71, AGFI＝0.70, CFI＝0.85, RMSEA＝0.03

度（対話，アクセス，リスク，透明性）が重視され，経験価値を強く規定するようである。所属するクラブ・サークル規模において10人以下の小規模集団の方が11人以上の大規模集団よりもパス係数が大きい。小規模な集団であるほどDARTの充実度が重要であり，失敗すると逃げ場がなくリスクが大きいと考えられる。年代において「60代」の方が「50代」よりもパス係数が大きい。経験豊富な60代の方がクラブ・サークルの選択についてリスクを嫌うのかもしれない。

　以上のパス係数の差は5％水準で有意ではあるが，他のパスについては有意差はなく，どのようなセグメントにおいても図3の実証モデルは適合すると考えられる。

5）結論

　以上のように，スポーツクラブ・サークルにおいても，DARTや経験価値が満足度を規定することが実証された。その規定力はクラブ・サークルの知覚品質と同等程度である。DARTや経験価値を充実させることで，クラブ・サークルに対するロイヤルティが増大し，運動継続につながることが確認された。

　フォーカスグループインタビューの結果では，ネットサービスは特にクラブ・サークルへの入会時に威力を発揮していた。ネットサービスによって「対話」や「アクセス」を促進し，「リスクマネジメント」を容易にして「透明性」を高めることができれば，クラブ・サークルへの入会促進だけでなく，満足度やロイヤルティの向上が期待され，運動継続が促進されるだろう。

　金森（2009）などでは，ネットコミュニティ上の情報の信憑性が高いがゆえに，メンバーの態度変容への効果が大きいとされてきた。しかしネットコミュニティによってDART（対話，アクセス，リスク，透明性）を充実させることができれば，メンバーの参加意識が高まって満足度が向上することが予想される。今後はDART充実を目的としたネットサービスの開発が重要となるであろう。

5．実証ケース5：外食と通信添削にみるDARTとブランド経験の規定要因

「DART」と「ブランド経験」によって，ICカード利用行動やスポーツ・コミュニティ参加を説明することができた。しかし「DART」と「ブランド経験」は何に規定されるのだろうか。

ここでは「ネットコミュニティ」と「物語」を取り上げ，それらが「DART」と「ブランド経験」を経てブランド・ロイヤルティを規定するメカニズムを，外食と通信添削サービスという2つの財を例に実証する。いずれの業種でも従業員と顧客とのコミュニケーションが重要であり，DARTやブランド経験のコントロールが容易であると考えられる。

1）問題の所在

金森（2012b）は，ブランド・ロイヤルティは「DART」の充実の結果としての「ブランド経験価値」の向上によってもたらされるとし，さらに「ネット」上のコミュニケーションや「物語」の存在がDARTやブランド経験価値を規定しているのではないかと問題提起している。しかしブランド・ロイヤルティを説明するモデルに，ネットや物語に関連する変数を投入して実証した研究はない。

さらに，ブランド・ロイヤルティを説明するには，共感に関連する変数だけでは不十分である。広告業界では「ブランド認知」がブランド選好を規定するという構造が広く信じられており，結果的に広告投資が促進されている（古川・金・上原 2004）。認知率が高いということは「安心」につながる。なぜならば，山岸（1998, 1999）は安心とは「相手の自己利益の評価に根ざした」行動への期待であるとしている。つまりあるブランドの認知率が高いということは多くの人が知っている老舗の大企業ブランドであるということを意味し，そうした企業は顧客の期待を裏切ることによるリスクを回避する傾向があると考えられるため，「安心」である。ブランドが「信頼の証」と言われる所以である。

本論ではこうした問題意識に基づき，コミュニケーションや共感が重視されることの多い外食業界と通信添削サービス業界を例にとり，ブランド・ロイヤルティを説明する統合モデルの構築を試みる。

2）先行研究

Keller（2003）は顧客ベースのブランド価値に注目し，「ブランド・ビルディング・ブロック」でブランド構築のステップを明示した。最終的に消費者とブランドとの間に共鳴（レゾナンス）が生まれ，この状態に至るとブランドは永続的に顧客を維持することができるようになる。ブランドと顧客との共鳴・共感が形成されると，ブランドの活動に顧客が心理的に「参加」している状態となる。「参加」に注目したMuniz & O'guinn（2001）は，「ブランド・コミュニティ」では「仲間意識」「儀式と伝統」「倫理的責任」といった特徴が共通して観察されるとしている。

「参加・共感」状態を規定する要因として，「経験価値」があげられる（Schmitt 1999）。「SENSE, FEEL, THINK, ACT, RELATE」の「戦略的経験価値モジュール（SEM）」の中でも特に「RELATE」は，「レゾナンス」や「ブランド・コミュニティ」に対応していると考えられる。後にBrakus, Schmitt & Zarantonello（2009）は，ブランド経験の強度がブランド・パーソナリティや顧客満足度を経由して，ブランド・ロイヤルティを規定するという実証研究結果を発表している。

ブランド経験の規定因については，Prahalad & Ramaswamy（2004）の「価値共創（Co-Creation）」の研究がある。顧客のブランド経験は「製品・サービス」「従業員」「価値提供のプロセス」「自分以外の顧客」の4つの接点で生じ，これらの接点が強化されると価値共創の状態となる。そのためには消費者が価値創造のプロセスに参加しやすくなければならない。参加しやすさの条件として「DART」が提案されている。「dialogue（対話）」「access（利用）」「risk assessment（リスク評価）」「transparency（透明性）」である。金森（2012b）はこれらの先行研究を踏まえ，DART充実度がブランド経験強度を規定し，ブランド経験強度が顧客満足度を媒介しながらブランド・ロイヤルティを規定するという仮説モデルを実証した。

一方で金森（2009）は「ブランド・コミュニティ」の今日的形態として重要な「ネットコミュニティ」によってブランド態度を説明するモデルを実証しており，金森（2012b）のモデルとの統合が課題となる。

3）仮説

これまでの検討を踏まえて図3-5-1の仮説モデルを実証したい。グレーの部分が金森（2012b）で実証されたモデルである。さらに，Keller（2003）を踏まえて「ブランドへの共感度」を媒介変数として明示的に取り入れた（H1）。古川・金・上原（2004）においても，ブランド認知がブランド共感を媒介してブランド選好を規定するというモデルを実証している。

ブランド経験やDARTは重要な要因であるが，ブランドへの共感を説明する統合モデルの適合度を上げるためには，ブランド態度の認知的側面に対応する変数も必要である。ブランド評価の認知的側面を想定して，商品やチャネルに対する知覚品質として，一般的な「ブランド評価」を変数として取り入れる（H2）。

金森（2012b）は，ブランド・ロイヤルティはDARTの充実の結果としての共創状態によってもたらされるとし，ネットコミュニティや「物語」の存在がDARTや共創状態を規定しているのではないかと問題提起している。これを踏まえ，DART充実度を規定する要因として「ネット上のブランド経験頻度」を設定する（H3）。金森（2009）によればブランド・コミュニティの今日的形態としてネットコミュニティが注目され，「発言者」もしくは「ROM（リード・オンリー・メンバー）」としての経験頻度がブランド態度形成に関係している。

さらにブランドへの共感度を規定する3つめの変数として「物語充実度」を設定する（H4）。消費者の参加促進のためは「場」を用意するだけでは不十分であり，「物語」によってブランド自体に参加するだけの価値を付与する必要がある。近年の消費は記号的な消費であると言われる（Baudrillard 1970）。Muniz & O'guinn（2001）ではブランド・コミュニティにおいてはブランドの歴史を賞賛し，その歴史を形成するエピソード，物語がブランド・ファンの間で共有されている，としている。また和田（2002）はブラ

ンディングにあたって観念価値の創出に努力すべきで，ブランド創出のストーリー性を強調するか，ブランドのライフスタイル性を強調して消費者に共感してもらわなければならないとしている。実務界でも物語マーケティングが実践されてきた（大塚 2001, 福田 2004）。

最後に，ブランド態度の認知的側面に対応する変数として，ブランド評価に加えて「ブランド安心度」を追加する（H5）。前述のように，多くの人が知っている老舗の大企業ブランドは，顧客の期待を裏切ることによって幻滅されるリスクを回避する傾向があると考えられるため，「安心」である。ブランド安心度はブランド企業の業歴に規定されていると考えられる。なおブランド安心度が顧客満足度を規定する程度は，顧客属性によって異なるとも考えられる。すなわち老舗の大企業などの組織への所属経験があり，その組織の行動パターンを経験している人の方がそうでない人よりも，ブランド安心度によって満足度を決定している程度が大きいと考える（H6）。

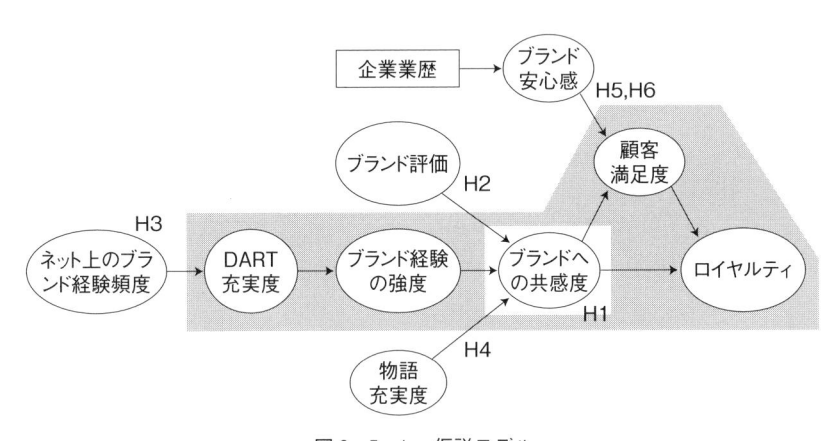

図3-5-1　仮説モデル

4）調査と変数

(1) 調査

対象業種として，ハンバーガーやサンドイッチ等の外食チェーンと，通信添削教育サービスの2つの業種を取り上げる。楽天リサーチが管理する全国

調査パネルを利用して，2012年10月にwebアンケートを実施した。

　外食チェーンの中では，サブウェイが顧客とのコミュニケーションにおいて特徴的である。サブウェイでは顧客1人に対して店内スタッフ1人が対応し，顧客の好みを聞きながらパンや具材を選択して商品をカスタマイズする。他のブランドと比較して，顧客とスタッフとのコミュニケーションが多いという意味で特徴的である。筆者がサブウェイの内部メンバーとのディスカッションを行った際にも，同様の特徴が言及されていた。

　よって外食については，20-60代を対象に，サブウェイに最もよく行く人を200サンプル以上にし，かつ全体を1000サンプル以上になるようにスクリーニング調査を行った。その結果，男性62.5%，女性37.5%となり，年代としては20代から60代までそれぞれ13.1%，28.2%，30.3%，18.1%，10.3%となった。最もよく行くブランド別では，マクドナルド（464サンプル），モスバーガー（68サンプル），サブウェイ（200サンプル），ミスタードーナツ（70サンプル），ドトールコーヒー（50サンプル），スターバックス（58サンプル）の6ブランドが上位となり，これら6ブランドの合計で910サンプルとなった。

　通信添削サービスでは，ベネッセ（旧福武書店）の進研ゼミの添削担当者である「赤ペン」先生が有名である。進研ゼミの顧客が成長して大人になってから赤ペン先生になるケースも多く，顧客の参加による価値共創型マーケティングの典型の一つであると考える。筆者とベネッセ関係者とのディスカッションにおいても同様の指摘があった。

　そこで通信添削については，20-50代を対象に，自分の子供のためにベネッセのサービスを最もよく使う（もしくは使った）人を200サンプル以上にし，かつ全体を1000サンプル以上になるようにスクリーニング調査を実施した。その結果，男性48.4%，女性51.6%となり，年代では20代から50代までそれぞれ0.7%，19.0%，61.7%，18.6%%となった。もっともよく使う（もしくは使った）ブランド別には，福武書店・ベネッセ（492サンプル），Z会（307サンプル），小学館（ドラゼミ）（105サンプル），学研（マイコーチ）（56サンプル）の4ブランドが上位となり，これら4ブランドの合計が960サンプルとなった。

（2）変数と尺度

調査した観測変数は，表3-5-1（外食ブランド）と表3-5-2（通信添削ブランド）の通りである。

ブランド・ロイヤルティについてはYoo & Donthu（2001）を，顧客満足度についてはOliver（1980）を用いた。いずれの項目でも「そう思う」から「そう思わない」までの5段階尺度とした。

ブランドへの共感度は，Brakus, Schmitt & Zarantonello（2009）が取り上げた一般的なブランド評価，ブランド・パーソナリティ，ブランド関与，ブランド愛着，顧客歓喜などの43項目について因子分析を行い，「共感できる」という変数が含まれる因子と関連する変数を用いた。それぞれ「あてはまる」から「あてはまらない」までの5段階尺度とした。

ブランド経験価値の強度については，Schmitt（1999）を用いた。「そう思う」から「そう思わない」までの5段階尺度とした。なおオリジナルの尺度ではいくつかの項目で否定形（逆転項目）を用いているが，金森（2012b）で調査した結果，否定形は分かりにくいことが判明したため，に否定形を肯定形に修正して用いた。

DART充実度については，Prahalad & Ramaswamy（2004）を用いた。「あてはまる」から「あてはまらない」までの5段階尺度で回答を得た。

ブランド評価はブランド態度の認知的側面に対応する変数である。外食ブランドと通信添削ブランドのそれぞれの業界に即して，商品やチャネルに対する知覚品質として，表3-5-1，3-5-2にあげる変数を作成した。「あてはまる」から「あてはまらない」までの5段階尺度である。

ネット上のブランド経験頻度としては，金森（2009）を参考に，ネット上の情報を見るという行動と，ネット上に情報を発信するという行動の両面について変数を作成した。それぞれ「あてはまる」から「あてはまらない」までの5段階尺度とした。

物語充実度については，大塚（2001），和田（2002），福田（2004）を参考にして，ブランドの開発や消費についての歴史情報，ブランドの主義・主張，哲学，世界観，それらに対する評価などの変数を揃えた。「あてはまる」から「あてはまらない」まで5段階尺度である。

ブランド安心度については、ブランドを提供する企業の規模が大きく、一流で、有名であり、その社員も評判を重視するために不正を働かない、といった内容を変数として揃えた。いずれも「そう思う」から「そう思わない」までの5段階尺度とした。後述する因子分析により、「ブランド安心度」と「ブランド一流度」の2つの潜在因子に分かれた。

最後に企業業歴は、そのブランドを提供する企業が「どのくらい前からあると思うか」という質問に対する答えで、「100年以上、30年以上、10年以上、5年以上、わからない」という選択肢に対してそれぞれ「5~1」の得点を与えた。

5) 分析

(1) 因子分析による潜在変数の特定

表3-5-1と2の変数について、潜在因子を特定するための探索的因子分析を行った。使用したソフトウェアはSPSSである。最尤法を採用し、バリマックス回転後の因子で、固有値1以上の因子を分析の対象とした。各因子の信頼度は、クロンバックのαが0.6以上であり、多くの研究者が最低ラ

表3-5-1 観測変数と潜在因子(外食ブランド)

因子		a	観測変数
ロイヤルティ		0.87	将来、私はこのブランドに忠誠を誓うだろう
			私は次にもこのブランドを買うだろう
			将来、このブランドが私の第一選択肢となるだろう
			もしこのブランドが買えるなら、他のブランドは買わないだろう
			私はこのブランドを他人に勧めるだろう
顧客満足度		0.92	私はそのブランドの品質に満足している
			チャンスがあったら、私はこのブランドを買うだろう
			このブランドを選んだとしたら、私の選択は賢いだろう
			このブランドを選ぶと決めたら、気分が良いと感じるだろう
			このブランドを使って何かをしたら、幸福だと感じるだろう
ブランドへの共感度		0.95	私にとって意味がある
			私にとって意義深い
			私に有用
			私に関係がある
			優しい
			私にとって重要な
			愛すべき
			温和な
			共感できる
			私にとって関心がある
			熱心な
ブランド経験の強度	認知的経験強度	0.94	このブランドに出会ったときには多くのことを考えてしまう
			このブランドを使用すると、身体的な行動・動作を伴う
			このブランドは私に人間関係について考えさせる

第3章　ブランド・ロイヤルティ向上のメカニズム

	感覚的・感情的経験強度	0.90	このブランドは私に考えさせる
			このブランドは特定の人々との関連づけられている
			このブランドはいろんな感情を引き起こす
			このブランドは身体的な経験を伴う
			このブランドは視覚などの感覚に強い印象をもたらしてくれる
			このブランドは好奇心や問題解決型思考を刺激する
			このブランドは行動志向だ
			感覚的に訴えてくるのでこのブランドには興味・関心がある
			このブランドは情緒的に訴えてくるブランドだ
			私はこのブランドに強い感情をもっている
			このブランドは社会的ルールや約束事を私に思い起こさせる
			このブランドは感覚的に魅力を感じる
			このブランドは感覚的に魅力を感じる
DART充実度	関係者へのアクセス度	0.92	このブランドの関係者から連絡をもらったことがある
			このブランドの関係者を知っている
			このブランドの担当者には連絡できる
			このブランドの関係者に連絡したり話したりしたことがある
			このブランドの商品を作るのにどのような費用がかかっているかを知っている
			私にはこのブランドの開発や改良に参加している気持ちがある
			このブランドを使うためにやらなければならないことは分かっている
	メカニズム理解度	0.91	このブランドの商品はどんな手順で作られているかを知っている
			このブランドの商品の製造方法を知っている
			このブランドの商品の品質は良く知っている
			このブランドの商品に不具合があったとき、どうしたらよいか分かっている
			このブランドはどのような人が作っているか知っている
			このブランドを使うことによるデメリットはよく分かっている
			このブランドを購入する際には、十分に検討できるだけの情報がある
			このブランドのことはよく知っている
			このブランドの商品を作るためにどのような材料や部品を使っているかを知っている
	購買者としての知識量	0.76	このブランドがどこで売っているかを知っている
			このブランドの価格体系は良く分かっている
			このブランドの購入者と話をしたことがある
			このブランドの会社を知っている
			私はこのブランドを他人に勧めたことがある
	仲間意識強度	0.84	このブランドは私の望みを知っている
			このブランドの使用者は私の仲間であると感じる
ブランド評価	商品評価	0.76	飽きない
			美味しい
			健康によい
	店舗評価	0.59	店員がよい
			店の雰囲気がよい
			店内がすいている
			店が便利な場所にある
			一緒に行く人が行きたがる
ネット上のブランド経験頻度	発言者経験度	0.79	このブランドの企業の評判を書き込んだホームページに情報を書き込んだことがある
			このブランドの企業のホームページに情報を書き込んだことがある
			このブランドのユーザー同士、twitter、facebook、mixi、メールなどで連絡をとりあっている
			このブランドの企業の評判を書き込んだホームページを見たことがある
			このブランドの企業のメールマガジンを購読している
	ROM経験度	—	このブランドの企業のホームページを見たことがある
物語充実度	歴史充実度	0.93	このブランドの歴史を知ると感動する
			このブランドの歴史を知ると勇気が湧いてくる
			このブランドの物語を知ると世の中がよく分かるようになる
	哲学充実度	0.86	このブランドには世界観がある
			このブランドには主張がある
			このブランドには哲学がある
			このブランドには物語がある
ブランド安心度		0.85	このブランドの会社は信頼できる
			このブランドの会社は安心できる
			このブランドの社員は利益よりも品質を重視する
			このブランドの社員は間違ったことはしない
			このブランドは評判を大事にしている
ブランド一流度		0.80	この会社は大きい
			このブランドは有名である
			この会社は世界企業である
			この会社は一流である
			このブランドは失敗すると失うものが多い
企業業歴		—	このブランドの会社はどのくらい前からあると思いますか

表3-5-2 観測変数と潜在因子（通信添削ブランド）

因子		α	観測変数
ロイヤルティ		0.93	将来、私はこのブランドに忠誠を誓うだろう
			私は次にもこのブランドを買うだろう
			将来、このブランドは私の第一選択肢となるだろう
			もしこのブランドが買えるなら、他のブランドは買わないだろう
			私はこのブランドを他人に勧めるだろう
顧客満足度		0.93	私はそのブランドの品質に満足している
			チャンスがあったら、私はこのブランドを買うだろう
			このブランドを選んだとしたら、私の選択は賢いだろう
			このブランドを選ぶと決めたら、気分が良いと感じるだろう
			このブランドを使って何かをしたら、幸福だと感じるだろう
ブランドへの共感度		0.97	愉快な
			嬉しい
			興奮する
			幸せな
			うっとりする
			驚く
			温和な
			とりこにする
			愉快
			楽しい
			愛すべき
			優しい
			得意げな
			アウトドア派
			刺激される
			大胆
			愛着のある
			共感できる
			親しみのある
ブランド経験の強度	認知的経験強度	0.95	このブランドに出会ったときには多くのことを考えてしまう
			このブランドを使用すると，身体的な行動・動作を伴う
			このブランドはいろんな感情を引き起こす
			このブランドは私に人間関係について考えさせる
			このブランドは身体的な経験を伴う
			このブランドは特定の人々との関連づけられている
			このブランドは視覚などの感覚に強い印象をもたらしてくれる
			このブランドは私に考えさせる
			私はこのブランドに強い感情をもっている
			このブランドは社会的ルールや約束事を私に思い起こさせる
	感覚的・感情的経験強度	0.89	このブランドは好奇心と問題解決型思考を刺激する
			このブランドは行動志向だ
			このブランドは情緒的に訴えてくるブランドだ
			感覚的に訴えてくるのでこのブランドには興味・関心がある
			このブランドは感覚的に魅力を感じる
DART充実度	関係者へのアクセス度	0.76	このブランドの担当者には連絡できる
			このブランドの関係者から連絡をもらったことがある
			このブランドを使うことによるデメリットはよく分かっている
	メカニズム理解度	0.93	このブランドの商品の製造方法を知っている
			このブランドの商品はどんな手順で作られているかを知っている
			このブランドはどのような人が作っているか知っている
			このブランドの商品を作るのにどのような費用がかかっているかを知っている
			私にはこのブランドの開発や改良に参加している気持ちがある
			このブランドの関係者を知っている
			このブランドの使用者は私の仲間であると感じる
			このブランドは私の望みを知っている
			このブランドの関係者に連絡したり話したりしたことがある
			このブランドの商品を作るためにどのような材料や部品を使っているかを知っている
			このブランドを使うためにやらなければならないことは分かっている
			私はこのブランドを他人に勧めたことがある
	購買者としての知識量	0.85	このブランドの価格体系は良く分かっている
			このブランドがどこで売っているかを知っている
			このブランドのことはよく知っている
			このブランドを購入する際には，十分に検討できるだけの情報がある
			このブランドの商品の品質は良く知っている
			このブランドの会社を知っている
			このブランドの商品について不具合があったとき，どうしたらよいか分かっている
			このブランドの購入者と話をしたことがある

ブランド評価	商品評価	0.80	教材がよい
			内容がよい
			学力がつく
			実績がある
			提供される情報がよい
			添削担当者がよい
	購買利便度	0.59	申込みやすい
			退会しやすい
			入会キャンペーンをやっていた
			友人・知人・家族の評判を聞いた
			費用が手ごろ
			他に選べる通信添削がなかった
	自分適合度	0.58	続けられる
			自分の子供に合っている
			学校の先生に勧められた
ネット上のブランド経験頻度	発言者経験度	0.81	このブランドの企業の評判を書き込んだホームページに情報を書き込んだことがある
			このブランドの企業のホームページに情報を書き込んだことがある
			このブランドのユーザー同士、twitter、facebook、mixi、メールなどで連絡をとりあっている
			このブランドの企業のメールマガジンを購読している
	ROM経験度	―	このブランドの企業のホームページを見たことがある
物語充実度	歴史充実度	0.92	このブランドの歴史を知ると感動する
			このブランドの歴史を知ると勇気が湧いてくる
			このブランドの物語を知ると世の中がよく分かるようになる
			このブランドには物語がある
	哲学充実度	0.86	このブランドには哲学がある
			このブランドには主張がある
			このブランドには世界観がある
ブランド社員安心度		0.72	このブランドの社員は利益よりも品質を重視する
			このブランドの社員は間違ったことはしない
			このブランドは評判を大事にしている
			この会社は世界企業である
ブランド企業安心度		0.94	このブランドの会社は信頼できる
			このブランドの会社は安心できる
ブランド一流度		0.73	この会社は大きい
			このブランドは有名である
			この会社は一流である
			このブランドは失敗すると失うものが多い
企業業歴		―	このブランドの会社はどのくらい前からあると思いますか

インとしている基準を満たしている。多くの因子で，外食ブランドと通信添削ブランドとで異なる観測変数が採用されることになった。

ブランド経験の強度では，外食と通信添削で対応する観測変数が異なるが，どちらも2つの因子に分かれ，「認知的経験強度」と「感覚的・感情的経験強度」と名付けることにする。

DART充実度については，「関係者へのアクセス度」「メカニズム理解度」「購買者としての知識量」「仲間意識強度（外食のみ）」に分かれた。

ブランド評価は，外食では「商品評価」と「店舗評価」に分かれた。通信添削では「商品評価」「購買利便度」「自分適合度」の3つに分かれた。

ネット上のブランド経験頻度は，想定通り「発言者経験度」と「ROM経験度」の2つに分かれた。

物語充実度は，「歴史充実度」と「哲学充実度」に分かれた。

ブランド安心度は，前述のとおり「ブランド安心度」と「ブランド一流

度」に分かれた。さらに，通信添削ブランドではブランド安心度は社員と企業とに分かれた。

（2）共分散構造分析によるモデルの比較

以上の潜在変数を用いて，仮説に従って共分散構造分析を行った。使用したソフトウェアはAMOSである。外食ブランドと通信添削ブランドのそれぞれで，最初に金森（2012b）で実証したモデルに媒介変数としての「ブランドへの共感度」を加えた単純なモデル（モデル1）を用いて分析し，順次変数を増やしていってモデルとデータとの適合度を比較することにした。それぞれ5つのモデルが生成され，その適合度は表3-5-3に，その他の指標は表3-5-4にまとめた。

モデル1は図3-5-2（外食）と図3-5-3（通信添削）である。それに対して一般的な「ブランド評価」を加えたものがモデル2（図3-5-4，3-5-5）である。さらに「ネット上のブランド経験強度」を加えるとモデル3（図3-5-6，3-5-7）に，「物語充実度」を加えるとモデル4（図3-5-8，3-5-9）になる。最後にブランド安心度に関連する一連の変数を付け加えるとモデル5（図3-5-10，3-5-11）となる。

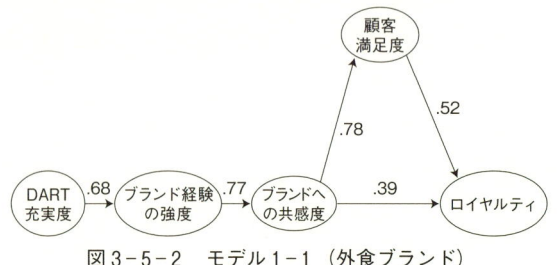

図3-5-2　モデル1-1（外食ブランド）

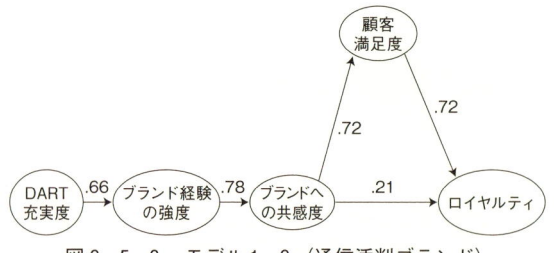

図3-5-3　モデル1-2（通信添削ブランド）

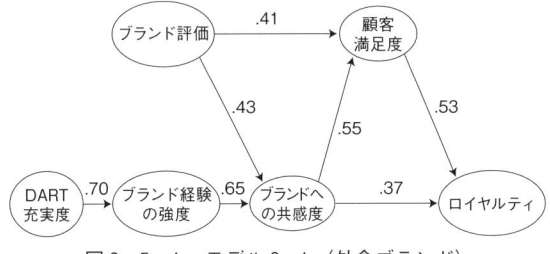

図 3-5-4　モデル 2-1（外食ブランド）

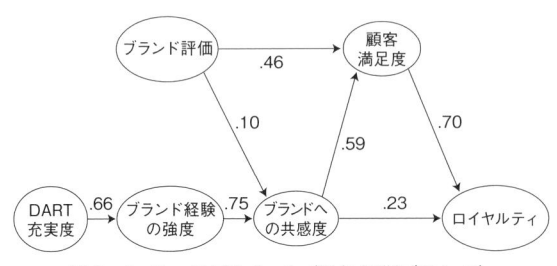

図 3-5-5　モデル 2-2（通信添削ブランド）

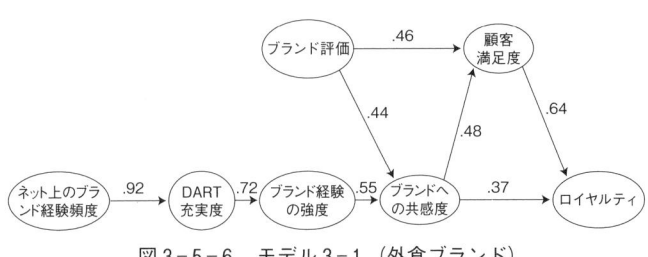

図 3-5-6　モデル 3-1（外食ブランド）

図3-5-7　モデル3-2（通信添削ブランド）

図3-5-8　モデル4-1（外食ブランド）

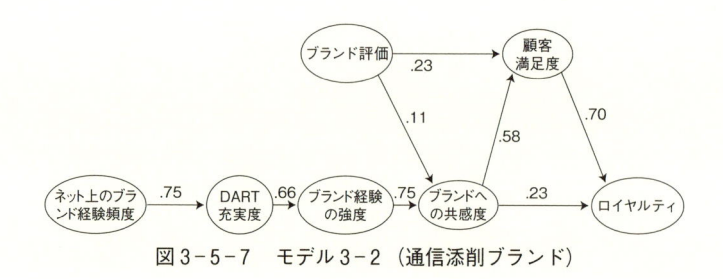

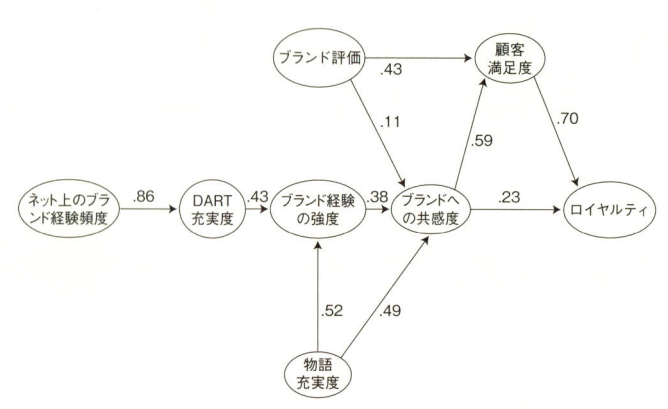

図3-5-9　モデル4-2（通信添削ブランド）

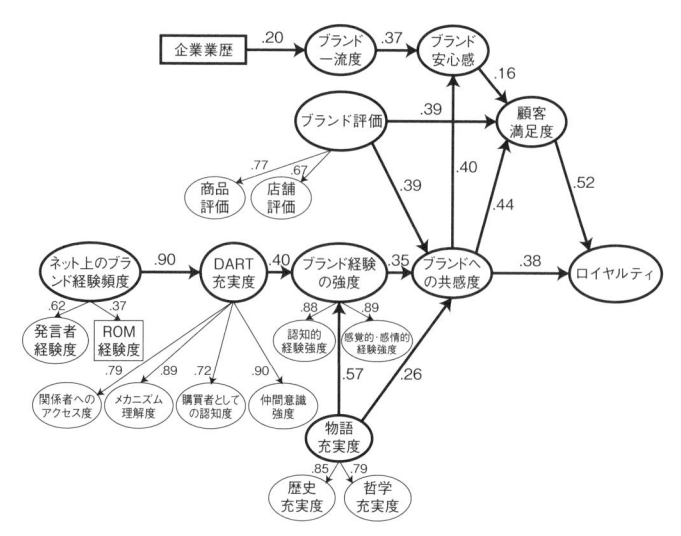

第3章 ブランド・ロイヤルティ向上のメカニズム　129

図3-5-10　モデル5-1（外食ブランド）

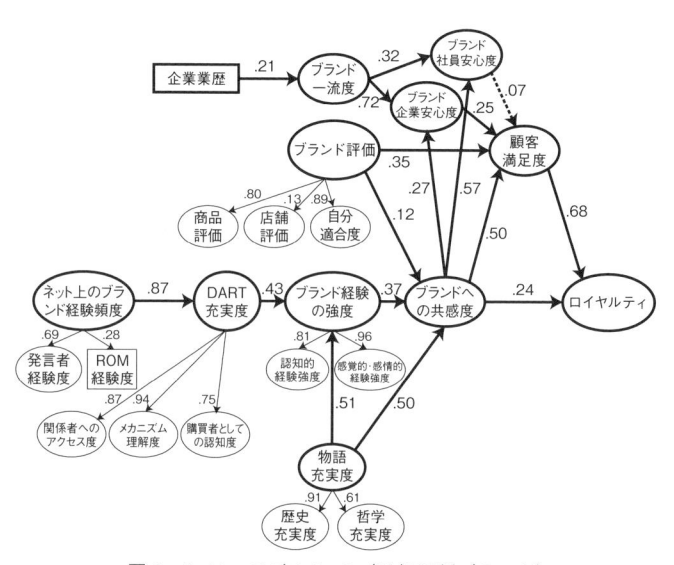

図3-5-11　モデル5-2（通信添削ブランド）

いずれも誤差変数の記載は省略した。第2階層の潜在変数についても、モデル5以外では記載を省略した。実線に書かれた数字は標準化係数である。なおモデルの適合度を向上させるため、探索的にパスを追加したり、誤差変数間の共分散の仮定を追加している。実線のパスは全て1％水準で有意である。通信添削ブランドでブランド社員安心度が顧客満足度を規定する程度が小さく、これは大手ブランドが分析対象の大層を占めるため、添削担当者等の社員の行動に差がなく、知覚品質の分散が小さかったためであると考えられる。

なお探索的分析の結果、ブランド安心度は業歴やブランド一流度だけで決まるわけではなく、ブランド共感度からも規定されていることが分かった。DARTの充実を経て、組織や社員に触れることが増えると、安心度が増すと考えられる。

5つのモデル間の適合度の比較をすると（表3-5-3, 3-5-4）、RMSEA[4]はモデル1から5に至る過程で一貫して小さくなっている。つまりモデルとデータの適合度が一貫して改善されており、モデル5では概ね

表3-5-3　モデル別適合度

		モデル1 従来＋共感	モデル2 ＋ブランド評価	モデル3 ＋ネット経験	モデル4 ＋物語	モデル5 ＋安心
外食	GFI	0.76	0.76	0.75	0.73	0.71
	AGFI	0.73	0.74	0.73	0.71	0.69
	CFI	0.88	0.88	0.88	0.87	0.86
	AIC	7,576	8,666	9,595	11,287	14,266
	RMSEA	0.059	0.056	0.053	0.052	0.051
通信添削	GFI	0.69	0.69	0.69	0.67	0.65
	AGFI	0.67	0.67	0.67	0.65	0.63
	CFI	0.86	0.86	0.86	0.86	0.85
	AIC	13,130	13,130	14,099	16,027	18,973
	RMSEA	0.055	0.055	0.053	0.052	0.050

---

[4] 豊田（2002）によれば、観測変数が多くなると自由度が大きくなってモデルとデータとの適合が悪くなる。GFIの値を気にすべきは観測変数の数が30までの場合であるともしている。そして観測変数が多い場合はRMSEAなど、1自由度あたりの適合の指標を参照すれば、客観的な基準をクリアできることが多いとしている。

表3-5-4　モデル別各種指標

		モデル1	モデル2	モデル3	モデル4	モデル5
外食	n	1,000	1,000	1,000	1,000	1,000
	χ^2	7,270.38	8,314.30	9,209.01	10,861.39	13,778.36
	自由度	1,617	2,035	2,435	2,947	3,851
通信添削	n	1,000	1,000	1,000	1,000	1,000
	χ^2	9,263.61	12,716.34	13,659.23	15,539.15	18,417.35
	自由度	2,110	3,196	3,608	4,221	5,287

十分な適合度の水準である0.05程度になっている。この結果から，仮説1〜5については支持されたと言える。

（3）所属組織規模・業歴によるパス係数の比較

調査対象者の所属組織規模・業歴によるパス係数の差異について分析した。所属組織規模は，300人未満と300人以上で分け，所属組織業歴は30年未満と30年以上で分けた。

モデル5の一部分を抽出し，図3-5-12と3-5-13に示した。図中の①〜④（外食ブランド），①〜⑦（通信添削ブランド）の標準化パス係数について示したものが表Ⅲ-5-5である。

外食ブランドでは，②（ブランド一流度→ブランド安心度）のパス係数について，所属組織規模が大きいほど（0.32＜0.44），また所属組織業歴が長いほど（0.31＜0.41），大きいという傾向があった。

通信添削ブランドでは，②について，所属組織規模では同様の傾向があった（0.27＜0.36）。また，⑥（ブランドへの共感度→ブランド社員安心度）（0.69＞0.50）と⑦（ブランドへの共感度→ブランド企業安心度）（0.34＞0.22）については，所属組織業歴が短い方がパス係数が大きいという傾向があった。

このようにブランド安心度に対する規定力については，所属組織規模・業歴が影響を与えているが，顧客満足度に対する規定力については大きな差はなかった（外食の③，通信添削の④⑤）。仮説6については支持されなかったと言える。

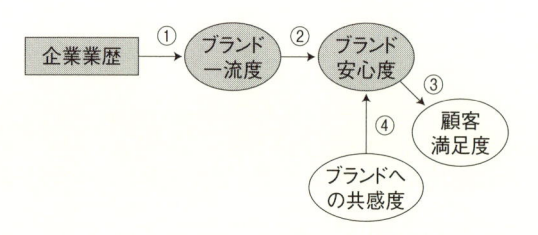

図 3-5-12　モデル 5-1 の部分（外食ブランド）

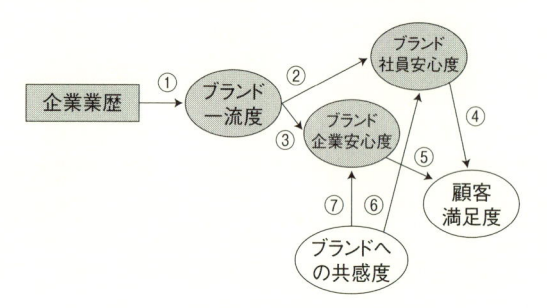

図 3-5-13　モデル 5-2 の部分（通信添削ブランド）

表 3-5-5　所属組織別のパス係数

外食		①	②	③	④	n
	全体	0.20	0.37	0.16	0.40	1,000
所属組織規模	小規模	0.23	0.32	0.16	0.40	580
	大規模	0.19 ▼	0.44	0.18	0.40	420
所属組織業歴*	短期	0.21	0.31	0.15	0.43	418
	長期	0.20 ▼	0.41	0.17	0.38	482

注：*欠損サンプル100

通信添削		①	②	③	④	⑤	⑥	⑦	n
	全体	0.21	0.32	0.72	0.07	0.25	0.57	0.27	1,000
所属組織規模	小規模	0.21	0.27	0.71	0.08	0.21	0.57	0.29	479
	大規模	0.23 ▼	0.36	0.72	0.05	0.28	0.57	0.25	521
所属組織業歴*	短期	0.23	0.28	0.72	0.08	0.21	▲0.69	▲0.34	389
	長期	0.21	0.35	0.72	0.07	0.27	0.50	0.22	583

注：*欠損サンプル28

（4）ブランド間の比較

　一般的な「ブランド評価」について，5段階尺度の加重平均得点をブランド別に整理したものが表 3-5-6（外食ブランド）と表 3-5-8（通信添削

ブランド)である。それぞれ横に見て上位3位と2位までに網掛けをした。さらにモデル5に関連する潜在因子の因子得点をブランド別に整理したものが表3-5-7(外食ブランド)と表3-5-9(通信添削ブランド)である。表3-5-6, 3-5-8と同様の網掛けをした。

表3-5-6では,外食ブランドではマクドナルドは「購買利便性」が高く(3.9, 3.9, 2.7),スターバックス,モスバーガー,サブウェイについては「商品評価」と「店舗評価」が全般に高いという結果になっている。マクドナルドと比較してスターバックス,モスバーガー,サブウェイは「店員がよい」と言う評価が相対的に高いという結果になっている点で(3.8, 3.5, 3.5),店舗スタッフと顧客とのコミュニケーションを重視するというサブウェイの戦略はある程度効果を発揮していると見ることができる。

表3-5-7で因子得点を比較すると,ロイヤルティの高さは,モスバーガー(0.46),スターバックス(0.34),サブウェイ(0.29),ドトール(0.06),マクドナルド(−0.17),ミスタードーナツ(−0.26)の順である。ロイヤルティ上位3ブランドを比較すると,サブウェイはネット上のブランド経験が豊富であるのに対し(0.04, −0.01),モスバーガー(0.19, 0.12),スターバックス(0.17, 0.24)は物語の充実に特徴がある。ブランド安心度は3社ともに高いが,ブランド一流度ではスターバックスが相対的に優れている(0.17)。

表3-5-6 ブランド別評価(外食ブランド)

		モスバーガー	スターバックス	サブウェイ	ミスタードーナツ	マクドナルド	ドトールコーヒー
n		68	58	200	70	464	50
商品評価	飽きない	4.2	4.3	4.3	3.7	3.4	3.7
	美味しい	4.7	4.4	4.6	4.3	3.8	4.0
	健康によい	3.3	2.9	4.3	2.2	2.1	2.8
店舗評価	店員がよい	3.5	3.8	3.5	3.6	3.3	3.2
	店の雰囲気がよい	3.6	4.1	3.5	3.6	3.2	3.1
	店内がすいている	3.3	2.6	3.2	3.0	2.7	2.8
	店が便利な場所にある	3.6	4.0	3.7	4.0	3.9	4.0
	一緒に行く人が行きたがる	3.3	3.2	2.7	3.0	3.0	2.6
購買利便度*	クーポンが手に入る	2.3	2.0	2.9	3.4	3.9	2.4
	価格が手ごろ	2.8	2.6	3.7	3.9	3.9	3.9
	他に選べる店がない	2.4	2.3	2.2	2.5	2.7	2.8

注:*aが低いためにSEMのモデルには入れていない. ▒ は3位まで

表3-5-7　ブランド別因子得点（外食ブランド）

		モスバーガー	スターバックス	サブウェイ	ミスタードーナツ	マクドナルド	ドトールコーヒー
n		68	58	200	70	464	50
ロイヤルティ		.46	.34	.29	−.26	−.17	.06
顧客満足度		.53	.48	.34	−.11	−.23	−.06
ブランドへの共感度		.23	.19	.45	−.25	−.26	.30
ブランド経験の強度	認知的経験強度	.04	.17	.19	−.10	−.05	−.17
	感覚的・感情的経験強度	.18	.25	.05	−.18	.02	−.30
DART充実度	関係者へのアクセス度	−.23	−.06	−.26	−.02	.12	.32
	メカニズム理解度	.04	−.21	.21	−.21	.01	−.26
	購買者としての知識量	.09	−.05	−.05	.14	.10	−.31
	仲間意識強度	.26	.12	.32	−.09	−.22	.10
ブランド評価	商品評価	.55	.40	.66	−.06	−.41	−.05
	店舗評価	.13	.47	.07	.23	−.12	−.20
ネット上のブランド経験頻度	発言者経験度	−.22	.03	.04	.05	.00	.14
	ROM経験度	−.16	−.02	−.01	−.10	.17	−.41
物語充実度	歴史充実度	.19	.17	.08	−.28	.00	.02
	哲学充実度	.12	.24	−.04	−.30	.12	−.50
ブランド安心度		.43	.38	.37	−.41	−.20	−.07
ブランド一流度		−.26	.17	−.60	.01	.44	−.60
企業業歴*		3.19	2.91	2.62	3.31	3.61	3.04

注：＊5段階尺度の平均値，▨は3位まで

　表3-5-8で通信添削ブランドでは，ベネッセは全般に「購買利便性」が高いが，「商品評価」や「自分適合度」についてはZ会が高く，次いで小学館の評価が高い。表3-5-9で因子得点を比較すると，ロイヤルティが高いブランドは，Z会＝学研（0.15），小学館（−0.04），ベネッセ（−0.12）の順である。Z会と学研を比較すると，ネット上の経験頻度ではZ会はROM経験度が高く（0.00），学研は発言者経験度が高い（0.34）。物語充実度ではZ会は哲学充実度が高く（0.18），学研は歴史充実度が高い（0.42）。安心度ではZ会は企業安心度が高く（0.25），学研は社員安心度が高い（0.02）。このように両社はいずれもロイヤルティの高い構造を持っているが，詳細に見るとすみ分けていることが分かる。

表3-5-8　ブランド別評価（通信添削ブランド）

		Z会	学研	小学館	福武書店・ベネッセ
n		307	56	105	492
商品評価	教材がよい	4.0	3.7	3.7	3.6
	内容がよい	4.2	3.8	4.0	3.8
	学力がつく	4.1	3.6	3.7	3.5
	実績がある	4.1	3.5	3.5	3.8
	提供される情報がよい	3.6	3.3	3.5	3.4
	添削担当者がよい	3.6	3.3	3.4	3.3
購買利便度	申込みやすい	3.3	3.3	3.4	3.7
	退会しやすい	3.4	3.3	3.2	3.5
	入会キャンペーンをやっていた	2.4	2.7	3.4	3.4
	友人・知人・家族の評判を聞いた	2.9	3.1	2.7	2.9
	費用が手ごろ	3.2	3.6	3.4	3.4
	他に選べる通信添削がなかった	2.2	2.7	2.5	2.7
自分適合度	続けられる	3.6	3.5	3.6	3.4
	自分の子供に合っている	3.6	3.5	3.6	3.3
	学校の先生に勧められた	2.1	2.4	2.0	1.8

注：　　　は2位まで

表3-5-9　ブランド別因子得点（通信添削ブランド）

		Z会	学研	小学館	福武書店・ベネッセ
n		307	56	105	492
ロイヤルティ		.15	.15	−.04	−.12
顧客満足度		.15	.05	.01	−.11
ブランドへの共感度		−.44	.29	.31	.15
ブランド経験の強度	認知的経験強度	−.05	.06	.08	−.02
	感覚的・感情的経験強度	.06	−.10	.00	−.03
DART充実度	関係者へのアクセス度	.11	.12	−.19	−.07
	メカニズム理解度	−.04	.37	.08	−.07
	購買者としての知識量	−.01	−.52	−.17	.13
ブランド評価	商品評価	.41	−.24	−.11	−.20
	購買利便度	−.23	−.13	−.11	.19
	自分適合度	−.05	.21	.23	−.06
ネット上のブランド経験頻度	発言者経験度	−.11	.34	.04	−.03
	ROM経験度	.00	−.70	−.11	.11
物語充実度	歴史充実度	−.16	.42	.20	−.03
	哲学充実度	.18	−.32	−.20	−.02
ブランド社員安心度		−.01	.02	.00	−.02
ブランド企業安心度		.25	−.20	.02	−.12
ブランド一流度		−.35	−.38	.05	.29
企業業歴*		3.08	2.68	2.81	3.09

注：＊5段階尺度の平均値，　　　は2位まで

以上のブランド間比較から，外食においても通信添削においても，「購買利便性が高く，一流で業歴が長く，経営規模の大きい」企業群（マクドナルド，ベネッセ）の戦略グループと，「ネット上のコミュニケーションを充実して，物語情報を豊富化し，安心度を高めてロイヤルティを向上を目指す」企業群（モスバーガー，サブウェイ，スターバックス，Z会，学研）の戦略グループに，大きく二分されるようである。

6）結論と今後の課題

以上の分析の結果，図3-5-1の仮説モデルが概ね支持され，ブランド・ロイヤルティをブランド経験・DART，ネット上のブランド経験，物語，安心といった因子で説明する統合モデルが，2つの業界で実証された。DARTの充実等によりブランド共感度が高まると安心度も高まるため，特にネット上のブランド経験と物語の充実が重要である。

なお，マクドナルドとベネッセのように，（態度としての）ブランド・ロイヤルティだけで売上が決まるわけではなく，購買利便性が高く，一流で安心観があれば「行動としての」ブランド・ロイヤルティは高まって売上が増大すると考えられる。しかしそのような戦略が成功するリーダー企業は各業界に1社しか存在を許されないだろう。

「ネット上のコミュニケーションを充実して，物語情報を豊富化し，安心度を高めてロイヤルティを向上を目指す」企業群（モスバーガー，サブウェイ，スターバックス，Z会，学研）の戦略グループについて，具体的にどのようなネット上のコミュニケーションが実現しており，どのような物語情報が流通しているか，定性的分析が必要であると考える。その結果は，リーダー企業以外の多くの企業の戦略展開に有益となるであろう。

第4章
消費者の参加と共創を生みだすメカニズム
外食と通信添削にみる共感と参加

　ここまで，コミュニティによるロイヤルティ向上，その背景となるDARTによるブランド経験の充実について実証分析を行ってきた。最後に本章では，外食と通信添削サービスを例にとり，ネット上の口コミの内容を分析し，ブランド共感が消費者の参加や価値共創を実現するメカニズムについて検討する。

1．問題の所在

　「価値共創」（Prahalad & Ramaswamy 2004）や「サービス・ドミナント・ロジック」（Vargo & Lusch 2004）など，顧客の企業活動への参加に注目する研究が増えている。金森（2012b）は，ブランド・ロイヤルティはブランドへの共感によって規定されており，ブランド共感は「DART」（Prahalad & Ramaswamy 2004）の充実の結果としての「ブランド経験価値」（Brakus, Schmitt & Zarantonello 2009）の向上によってもたらされるとしている。さらに金森（2014b）は「ネット」上のコミュニケーションや「物語」の存在がDARTやブランド経験価値を規定していることを実証した。
　こうして実現したブランド共感やブランド・ロイヤルティは，実際にはどのような価値を共創しているのだろうか。ブランド共感の結果としてブランドの活動への参加意識が高まり，「ブランド・コミュニティ」（Muniz & O'guinn 2001）が形成され，「帰属意識」が生じ，「伝統・儀式」が形成さ

れ、「ユーザー同士の支援」行動が生じると言われる。その結果としてインターネット上で口コミが促進され、購買も促進される（金森 2009）。こうした価値共創行動は、実際にネット上の情報で確認できるだろうか。

　本章では金森（2014b）の実証に使われた10ブランドを対象に、ネット上の発言の分析を行い、価値共創行動の実態を明らかにすることを目的とする。

2．先行研究

1）ブランド・ロイヤルティの実証モデル

　金森（2014b）は対象業種として、ハンバーガーやサンドイッチ等の外食チェーンと、通信添削教育サービスの2つの業種を取り上げ、2012年10月にwebアンケートを実施した。外食については、20-60代を対象に、サブウェイに最もよく行く人を200サンプル以上にし、かつ全体を1000サンプル以上になるようにスクリーニング調査を行った。その結果、最もよく行くブランド別では、マクドナルド（464サンプル）、モスバーガー（68サンプル）、サブウェイ（200サンプル）、ミスタードーナツ（70サンプル）、ドトールコーヒー（50サンプル）、スターバックス（58サンプル）の6ブランドが上位となり、これら6ブランドの合計で910サンプルとなった。

　同様に通信添削サービスでは、20-50代を対象に、自分の子供のためにベネッセのサービスを最もよく使う（もしくは使った）人を200サンプル以上にし、かつ全体を1000サンプル以上になるようにスクリーニング調査を実施した。その結果、もっともよく使う（もしくは使った）ブランド別には、福武書店・ベネッセ（492サンプル）、Z会（307サンプル）、小学館（ドラゼミ）（105サンプル）、学研（マイコーチ）（56サンプル）の4ブランドが上位となり、これら4ブランドの合計が960サンプルとなった。

　これらのデータを用いて共分散構造分析を行い、実証されたモデルが図4-1の実線部分である。DARTがブランド経験価値を規定し、それがブランド共感を規定する。ブランド共感はブランド評価にも規定される。そして

顧客満足を経てブランド・ロイヤルティが決定される。なお DART はネット上のブランド経験によって，ブランド経験価値とブランド共感は物語の充実によっても規定される。

しかしこのモデルではブランド共感の結果としての「価値共創」行動について明示的に説明されてはいない。

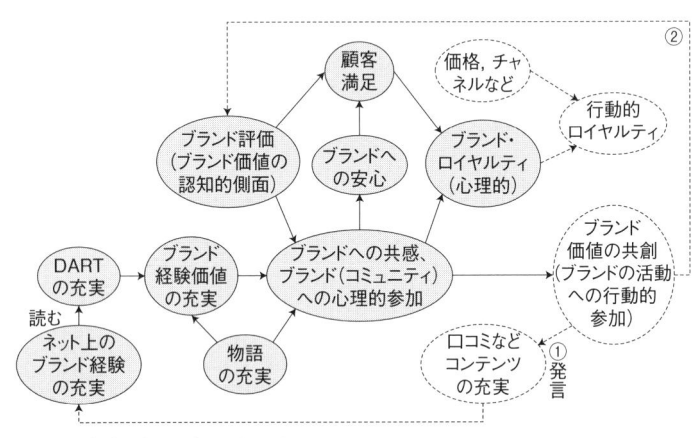

出所：金森（2014b）などより

図4-1　参加・共創の仮説モデル

2）ブランドの特徴

金森（2014b）では続けて，ブランド・ロイヤルティの程度と，重要な説明変数であるネット上のブランド経験について，対象ブランドの比較をしている（図4-2）。ネット上のブランド経験は，発言者経験度と ROM（リード・オンリー・メンバー）経験度に分けられる。

外食ブランドでロイヤルティが相対的に高いブランドは，モスバーガー，スターバックス，サブウェイである。ロイヤルティは共感によって規定され，共感の背後には経験価値，DART，そしてネット上のブランド経験がある。しかし図4-2を見ると，むしろロイヤルティの低いブランドの方が発言者経験度が高いという傾向がある。ROM 経験度については，ロイヤルテ

ィとの関係は明確でない。さらに，ロイヤルティが低いマクドナルドが，業界リーダーとして大きな売上を上げている。

通信添削ブランドについては，Ｚ会と学研マイコーチのロイヤルティが高い。しかしネット上のブランド経験度とロイヤルティの間には明確な関係は見いだせない。またここでもロイヤルティが低いベネッセが業界リーダーとして，大きな売上をあげている。

このように，ネット上の発言とそのブランド経験の内容を明らかにしないかぎり，ネットを活用したブランド・ロイヤルティ向上策が具体的に検討できない。

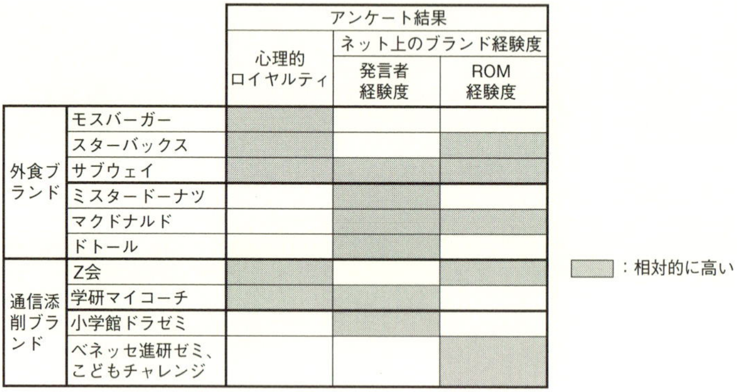

		アンケート結果		
		心理的ロイヤルティ	ネット上のブランド経験度	
			発言者経験度	ROM経験度
外食ブランド	モスバーガー	■		■
	スターバックス	■		
	サブウェイ	■		■
	ミスタードーナツ			
	マクドナルド			
	ドトール			
通信添削ブランド	Ｚ会	■		■
	学研マイコーチ	■		
	小学館ドラゼミ			
	ベネッセ進研ゼミ、こどもチャレンジ			

■：相対的に高い

出所：金森（2014b）より

図4-2　各ブランドの特徴

3．仮説

図4-1に示すように，金森（2014b）で使用した「ブランド・ロイヤルティ」は，「心理的ロイヤルティ」である。心理的ロイヤルティだけで売上が決まるわけではなく，その他の価格やチャネル整備等の要因と相まって，結果として「行動的ロイヤルティ」が決定され，売上が決まると考えられる。

また共創行動の観点からは，金森（2014b）で使用した「ブランド共感」とは，ブランド・コミュニティへの「心理的参加」状態であると言える。心理的参加を前駆的状態として，ブランド・コミュニティへの「行動的参加」が実現する。これが「価値共創行動」である[1]。

行動的参加には各種の行動が含まれる。いわゆる「顧客代行」行動には，宣伝の代行，顧客サポートの代行，商品開発・用途開発の代行などがある。これらの行動は，具体的には消費者の口コミという形で現れ，今日ではネット上の口コミとして観察することができる。すなわち図4-1に示すように，行動的参加の結果として口コミが生じ（①のルート），その結果としてネット上での発言が増えたり，ネット上で他人の発言を読んだりする頻度が増える。

このようなネット上の発言を規定するメカニズムを実証するために，ブランド別のネット上のブランド経験の特徴を，実際の発言ログの量と内容から分析する。

4．調査

ネット上の発言ログの分析については数多くの研究がある。石川・池田・加藤（2012）は，gooブログ上の発言の内容ではなく数に注目し，クラスター分析を行っている。大野・渡辺（2008）はmixi上の発言の内容に注目し，テキストマイニングの手法によりキーワード抽出を試みている。その他の多くのサービスからテキスト情報を収集してマイニングするシステムの提案も行われている（林・佐藤 2011）。小池・林田・渡辺（2011）はtwitterのデータを活用しているが，発言量や内容ではなく，その位置情報を分析している。このようにネット上の発言ログの分析方法としては，発言量をカウ

---

[1] 図4-1のブランド共感は，ブランド評価の「感情的側面」である。それに対してブランド評価はその「認知的側面」である。先述の「行動的参加」は，結果としてブランド評価の認知的側面を向上する効果があるとも考えられる（②のルート）。こうした考え方はサービス・ドミナント・ロジックから導かれる（菊池 2012, 畠山 2012-14, 傳 2012）。すなわち，商品の価値は消費者の使用によって初めて意味付けられるものであり，全ての消費者は多かれ少なかれ価値共創者として捉えられる。

ントする方法と，発言内容のテキストマイニングを行う方法とに大別できる。

　財団法人インターネット協会（2012）によれば，SNS の利用経験は twitter（26.3％），mixi（26.1％），facebook（24.5％）である（n＝5,639）。本研究では twitter での発言を対象に，その量と質の分析を進めることにする。

　データソースはユーザーローカル社が収集して提供している「ソーシャルインサイト」である。特定のキーワードを含む twitter 上の発言内容を網羅的に収集することができる。本研究では以下の10個の対象ワードを設定した。「マクドナルド」「モスバーガー」「サブウェイ OR SUBWAY」「ミスタードーナツ OR ミスド」「ドトール」「スターバックス OR スタバ」「進研ゼミ OR こどもチャレンジ」「Z会」「ドラゼミ」「学研マイコーチ」である。発言ログの収集期間は，2013年 2 月13日から 3 月29日までとした。

5．分析

1）発言数

　表 4-1 が設定期間内の各ブランドの対象ワードの twitter 上での発言数のレベルである。外食ブランドではスターバックスが毎日 1 万件レベルで推移しており，トップである。最も少ないブランドはモスバーガーで，毎日数百件レベルである。その他の 4 ブランドはこれらの中間で，毎日数千件レベルの発言となっている。

　通信添削ブランドでは外食ブランドと比較して全般に発言数が少ない。ベネッセ（進研ゼミ，こどもチャレンジ）が毎日数千件，Z会が数百件，小学館（ドラゼミ）が数十件，学研マイコーチについては期間中に数件しか発言がなかった。

　心理的ロイヤルティの高いスターバックスは発言数が多いが，サブウェイは平均的であり，モスバーガーは逆に発言数が少ない。また心理的ロイヤルティの高いZ会や学研の発言はむしろ少なく，ロイヤルティの低いベネッセの方が発言数が多い。このように，ブランド共感や心理的ロイヤルティが高

表4-1　ブランド別1日あたり発言数レベル

		下限レベル	上限レベル
外食ブランド	モスバーガー	200	400
	スターバックス or スタバ		10,000
	サブウェイ or SUBWAY	2,000	3,000
	ミスタードーナツ or ミスド	4,000	8,000
	マクドナルド	4,000	8,000
	ドトール	2,000	3,500
通信添削ブランド	Z会	200	600
	学研マイコーチ		時々数件
	ドラゼミ	5	20
	進研ゼミ or こどもチャレンジ	1,000	5,000

出所：twitter発言抽出（2013年2-3月）

ければ発言が増える，という単純な構造は見いだせなかった。

2）発言内容

次に，発言内容の分析をテキストマイニングの手法を用いて行う。使用したソフトウェアは TRUE TELLER（V6.0）である。形態素解析を行った上で係り受けのセットを作り，その頻度をカウントし，また他のブランドと比較して相対的に特殊な係り受けのセット（キーワード）を抽出することができる。

まず表4-2が外食ブランドでのキーワードである。ここで「スコア」とは，出現率の特殊度を表すもので，数字が1に近い方が特殊であり，1になると当該ブランドでしか出現しないキーワードである。しかし後に見る通信添削ブランドと比較して，抽出されたキーワードが少ない。ブランド間の差が小さいためであると考えられる。そのため，係り受けセットの出現頻度の高いもの（主な話題，30位まで）についても合わせて分析する（表4-3，4-4）。

モスバーガーでは，表4-2で「人＋やる」「やる気＋ある」といったキーワードが特徴的である。実際の発言ログをドリルダウンして見ると，表4-3にも表れているように，アルバイト募集の告知を多くの人がRT（リツイート）しているためであることが分かった。モスバーガーの商品や店舗についての推奨や提案ではないが，ブランドと共に働くという共創行動を表して

いるとしたら，これはブランド共感と心理的ロイヤルティによる口コミと考えることができる。

スターバックスでは「明日行く，明日行きたい」という発言が特徴的である。間接的な推奨という共創行動である。また「人＋いう」という発言は，スターバックスの店員と顧客との会話についての発言である。店員と顧客とのコミュニケーションが注目されいているということは，DART が充実していることにつながるだろう。

サブウェイについては，表4-2では特殊なキーワードが抽出できなかった。表4-3の話題をドリルダウンすると，「得サブ」や「サブクラブカード」の話題が多いことが分かる。これも商品の推奨に関わる共創行動である。なお「ローストビーフ」サンドという商品そのものについての発言も見られる。

ミスタードーナツについては，「明日はミスドに行く」という内容が特徴的である。スターバックスに似ていると考えられなくもないが，ドリルダウンして実際の発言内容を見ると，スターバックスのように「行きたい」という強い情熱を感じる発言は少ない。

マクドナルドのキーワードは少ない。表4-4の主な話題では，クーポンを組み合わせて格安で食べることができるという裏ワザや，「0円のスマイルください，テイクアウトで」という罰ゲームについての発言の RT が多いことが分かる。サブウェイのように来店促進の推奨に似ているが，これらの裏ワザや罰ゲームはマクドナルドにとって利益にならないものである。つまりブランドを支援するという立場での推奨ではない。

ドトールも表4-2のキーワードが少なく，表4-4の主な話題はミスタードーナツに似ており，読む人にとって情報としての価値が低く，スターバックスのように「行きたい」という強い情熱を感じない。ただし，モンテールとのコラボ商品「ホイップクリームがのったプリンの上に宇治抹茶ペースト」が話題になっている点が特徴的である。

表4-2　各ブランドに特殊なキーワード（外食ブランド）

No.	モスバーガー (500)		スコア	No.	スターバックス (500)		スコア
1	明日	やる	0.5282	1	明日	行く	0.1873
2	写真	ある	0.0033	2	人	いう	0.0081
3	質問	いい	0.0033	3	時間	ある	0.0081
				4	今日	言う	0.0081
				5	TWITTER	見る	0.0033

No.	ミスタードーナツ (500)		スコア	No.	マクドナルド (500)		スコア	No.	ドトール (500)		スコア
1	明日	行く	0.0193	1	人	多い	0.0817	1	明日	行く	0.0193
2	写真	撮る	0.0081	2	ゲーム	言う	0.0193				
3	質問	答える	0.0081								
4	WW	ある	0.0081								
5	人	いる	0.0023								
6	いい	思う	0.0018								

出所：twitter発言抽出（2013年2-3月）

表4-3　頻度の多い話題（外食ブランド）(1)

	モスバーガー				スターバックス				サブウェイ		
No.	単語1	単語2	件数	No.	単語1	単語2	件数	No.	単語1	単語2	件数
1	バイト	探す	16	1	スタバ	行く	39	1	ウェイ	食べる	17
2	やりがい	ある	15	2	スタバ	行う	13	2	ウェイ	行く	15
3	仕事	ある	15	3	スタバ	ある	10	3	情報	済ます（否定）	12
4	仕事	やる	15	4	明日	行く	9	4	CHANMOMOCHAN10	知る（否定）	11
5	人	やる	15	5	スタバ	勉強する	6	5	ウェイ	言う	11
6	人	探す	15	6	スタバ	いう	5	6	クラブ	食べる	10
7	是非	やる	15	7	スタバ	おごる	5	7	ウェイ	買う	9
8	00	行う	11	8	スタバ	飲む	5	8	みんな	言う	8
9	KCAL	使う	11	9	コーヒー	飲む	4	9	呪文	教える	8
10	ツール	使う	11	10	スタバ	行く（否定）	4	10	呪文	言う	8
11	デリバリー	行う	11	11	スタバ	買う	4	11	ウェイ	安い	7
12	ビジネス	展開する	11	12	店員	言う	4	12	ウェイ	ある	6
13	一緒	展開する	11	13	スタバ	いい	3	13	今日	安い	6
14	10分	待つ	4	14	スタバ	いく	3	14	YOUTUBE	検索する	5
15	200円	安い	4	15	スタバ	美味しい	3	15	YUKKYTWITT	いい	5
16	インパクト	与える	4	16	スタバ	頼む	3	16	ウェイ	いく	5
17	それ	つける	4	17	スタバ	奢る	3	17	ウェイ	ない	5
18	マック社長	与える	4	18	タンブラー	ある	3	18	ウェイ	検索する	5
19	モスバーガー	いい	4	19	タンブラー	買う	3	19	ウェイ	行う	5
20	モスバーガー	久しぶりだ	4	20	デビュー曲	披露する	3	20	ウェイ	混む	5
21	モスバーガー	食べる	4	21	店員	かわいい	3	21	ウェイ	来る	5
22	モスバーガー前	通る	4	22	MANIA	やく	2	22	ご飯	食べる	5
23	ワーオ	言う	4	23	SHOWCHAN83	プレゼントする	2	23	曲	出る	5
24	安い	鑑みる	4	24	TWITTER	見る	2	24	情報	いい	5
25	客	与える	4	25	WWWWWW	思う	2	25	情報	出る	5
26	欠点	安い	4	26	いい	ある	2	26	真っ先	出る	5
27	手間	鑑みる	4	27	いい	言う	2	27	SUBWAY	頼む	4
28	手作り	全て	4	28	カップ	そそぐ	2	28	いつも	頼む	4
29	場所	通る	4	29	コーヒー	飲む（否定）	2	29	なに	頼む	4
30	待ち時間	待つ	4	30	コーヒー	美味しい	2	30	日	安い	4

出所：twitter発言抽出（2013年2-3月）

表 4-4 頻度の多い話題（外食ブランド）(2)

	ミスタードーナツ				マクドナルド				ドトール		
No.	単語1	単語2	件数	No.	単語1	単語2	件数	No.	単語1	単語2	件数
1	ミスド	食べる	28	1	500円	注文する	33	1	ドトール	行く	22
2	ミスド	行く	27	2	セット	注文する	31	2	ドトール	ある	20
3	ミスド	ある	22	3	大全集	注文する	25	3	ドトール	行う	8
4	ミスド	買う	21	4	半額	食べる	23	4	クリーム	かける	7
5	ミスド	行う	10	5	嘘	える	22	5	プラス	かける	7
6	エハラマサヒロ	戻る	6	6	魔法	食べる	22	6	プリン	使う	7
7	キャッチフレーズ	いう	6	7	最大	注文する	19	7	ペースト	かける	7
8	ぐっ	戻る	6	8	マクドナルド	使う	13	8	限定	とろける	7
9	こころ	いう	6	9	マクドナルド	食べる	13	9	四国	除く	7
10	なん	いう	6	10	トク	思う	12	10	上	かける	7
11	まあるく	いう	6	11	フォロー	お願いする	12	11	全国	除く	7
12	好きだ	いう	6	12	今	使う	12	12	抹茶	とろける	7
13	ミスド	いう	5	13	情報	つぶやく	12	13	抹茶	使う	7
14	あれ	食べる	4	14	情報	使う	12	14	ドトール	飲む	6
15	いい	いう	4	15	情報	得だ	12	15	兄弟	こらえる	6
16	ドーナツ	食べる	4	16	マクドナルド	ある	11	16	笑い	こらえる	6
17	ドーナツ	買う	4	17	マクドナルド	買う	10	17	32円	飲む	5
18	ドーナツ	いい	4	18	マクドナルド	知る（否定）	9	18	スタバ	行く	5
19	ミスド	いる	4	19	割引	買う	9	19	ドトール	いい	5
20	ミスド	ない	4	20	商品	買う	9	20	ドトール	好きだ	5
21	ミスド	もらう	4	21	人	知る（否定）	9	21	バランス	おいしい	5
22	ミスド	働く	4	22	方法	注文する	9	22	バランス	楽しむ	5
23	今日	買う	4	23	スマイル	注文する	8	23	ブレンド	飲む	5
24	31	ある	3	24	方	買う	8	24	ウガンダ	見る	4
25	ケンタ	ある	3	25	統治者	新しい	7	25	コーヒー	飲む	4
26	シリーズ	買う	3	26	コーラ	出る	6	26	チョコレート	寄与する	4
27	スタバ	ある	3	27	チキンフィレオ	食べる	6	27	ドトール	くる	4
28	セット	食べる	3	28	ハンバーガー	食べる	6	28	ドトール	働く	4
29	どーなっつ	食べる	3	29	フォロー	お返しする	6	29	ドトール	勉強する	4
30	ない	食べる	3	30	ポテト	元気だ	6	30	ドトール	務める	4

出所：twitter 発言抽出（2013年2-3月）

　次に通信添削ブランドに関わる特徴的なキーワード（上位30位まで）を表4-5で見ていくことにする。Z会ではこの時期に放映されていた特徴的なTVCM（「オタクっぽい秀才キャラ」）についての話題が多い。「（このような学生は）あるある」という共感が感じられる。また，ZKAIニュースの「最強の本棚」や「僕がZ会を選んだ理由」がそのままRTされていることが多い。さらに，予備校別東大合格者数がRTされている。このようにブランド評価の感情的側面である共感もありつつ，ブランド評価の認知的側面である合格率なども注目されており，ブランド・ロイヤルティの高さを伺わせる。

　学研マイコーチについてはほとんど発言がなかった。金森（2014b）の調査結果では学研マイコーチは「学校の先生に勧められた」という回答が相対的に多く，特殊なチャネルでの販売が多いために，ネット上の口コミが少な

くなっているのかもしれない。

　小学館（ドラゼミ）では，そもそも発言量が少ない。数少ない発言の内容は，ほとんどが日比谷花壇とのコラボ企画である「親子で行く花とふれあうスマイルツアー」や「大人も子どもも楽しめる参加型展示会」についてのRTである。子どもやその保護者が共感してRTしているというよりも，受験に関係のない人がめずらしいプロモーション施策に興味を持ってRTしているように見える。

　ベネッセ（進研ゼミ・子供チャレンジ）では，「僕は進研ゼミのおかげで歌い手になれました」という，進研ゼミのプロモーション用漫画のパロディのRTが多い。これもマクドナルドと同じで，この情報が普及することは，ベネッセにとってむしろ不利益になると考えられる。やはりブランドを支援するという立場での口コミではない。

　全体に，ロイヤルティの高いブランドでの発言は，様々な共創行動を意味

表4-5　各ブランドに特殊なキーワード（通信添削ブランド）

No.	Z会 (500)		スコア	No.	小学館ドラゼミ (500)		スコア	No.	進研ゼミ・こどもチャレンジ (500)		スコア
1	CM	出る	0.0094	1	ゼミ	行く	0.0188	1	ゼミ	なれる	0.0394
2	Z会	やる	0.0071	2	ゼミ	楽しい	0.0175	2	歌い手	なれる	0.0394
3	最強	つくる	0.0067	3	子ども	楽しむ	0.0161	3	僕	なれる	0.0394
4	受験生	つくる	0.0067	4	展示会	楽しむ	0.0161	4	WWWW60点	怒る	0.0284
5	Z会	入る	0.0053	5	親子	行く	0.0161	5	ゼミ	上回る	0.0202
6	CM	好きだ	0.0053	6	花	行く	0.0161	6	漫画	呟く	0.0134
7	僕	運ぶ	0.0040	7	花	ふれる	0.0161	7	フォロワー	知る（否定）	0.0134
8	意味	分かる（否定）	0.0040	8	大人	楽しむ	0.0161	8	RT	呟く	0.0134
9	Z会	選ぶ	0.0040	9	花壇	行く	0.0148	9	ゼミ風	まとめる	0.0121
10	CM	いる	0.0040	10	ツアー	ふれる	0.0067	10	DFNT	おもしろい	0.0121
11	WW	いる	0.0040	11	図書券	貰う	0.0067	11	笑	まとめる	0.0121
12	人	似る	0.0040	12	子	やる	0.0058	12	ゼミ	する	0.0121
13	CM	新しい	0.0040	13	ゼミ	やる	0.0054	13	これ	笑う（否定）	0.0121
14	Z会	CMだ	0.0040	14	自分	買う	0.0053	14	KANBARUTHITOSE	笑う（否定）	0.0121
15	Z会	信者だ	0.0027	15	わさ	聞く	0.0053	15	問題	やる	0.0107
16	Z会	なんだ	0.0027	16	ポイント	貰う	0.0053	16	高尾	似る	0.0094
17	588人	入れる	0.0027	17	本	聞く	0.0053	17	ゼミ	嫌だ	0.0094
18	350人	入れる	0.0027	18	チャレンジ	やる	0.0053	18	太	似る	0.0094
19	243人	入れる	0.0027	19	自分	やる	0.0045	19	なに	似る	0.0094
20	2012年度	入れる	0.0027	20	ゼミ	入る	0.0042	20	なに	言う	0.0094
21	159人	入れる	0.0027	21	ゼミ	ある	0.0041	21	キャラ	似る	0.0094
22	1235人	入れる	0.0027	22	月	終わる	0.0040	22	女の子	かわいい	0.0080
23	1184人	入れる	0.0027	23	二人分	できる	0.0040	23	NAVER	まとめる	0.0067
24	1113人	入れる	0.0027	24	影響	出る	0.0040	24	いいかげんだ	する	0.0067
25	WWWW	いる	0.0027	25	家計	できる	0.0040	25	歌い手	素敵だ	0.0067
26	Z会	好きだ	0.0027	26	学習	出る	0.0040	26	フォロワー	出入りする	0.0053
27	僕	信者だ	0.0027	27	監修	やる	0.0040	27	部屋	出入りする	0.0053
28	Z会	使う	0.0027	28	休み	終わる	0.0040	28	家	知る（否定）	0.0053
29	キャラ	濃い	0.0027	29	月	取り組む	0.0040	29	マンガ	まとめる	0.0053
30	会	すごい	0.0027	30	先生	企画する	0.0040	30	漫画	知る（否定）	0.0053

出所：twitter発言抽出（2013年2-3月）

していた。ロイヤルティの低いブランドでの発言は、情報価値の低いどうでもよい発言か、ブランドを傷付けるような悪意のある発言が多かった。特に後者の悪意のある発言は、マクドナルドやベネッセというような業界トップブランドで顕著であり、「判官贔屓」的な心情の裏返しであるとも考えられる。なお、twitter では RT（リツィート）という方法があるため、特徴的なキーワード増幅されるためにが抽出しやすく、テキストマイニングにふさわしいデータセットであると考えられる。

6. 結論と今後の課題

　表4-6にこれまでのブランド別の傾向をまとめた。外食ブランドでは、心理的ロイヤルティの高いモスバーガー、スターバックス、サブウェイでは、発言量の多寡はあるが、いずれもブランド価値共創行動が観察された。一方で心理的ロイヤルティの低いミスタードーナツ、マクドナルド、ドトールでは情報価値の低い情報が多く、業界リーダーのマクドナルドについてはマイナスの情報も多かった。

　通信添削ブランドでは、特殊なチャネル戦略をとる学研を除いて、心理的ロイヤルティの高いZ会では感情的・認知的共感が感じられる発言が多く、顧客のブランド価値共創行動が観察された。一方で心理的ロイヤルティの低い小学館では顧客でないと思われる人の発言ばかりであり、マクドナルドと同様に業界リーダーであるベネッセでは、やはりマイナスの情報が多かった。

　これらの結果から、仮説モデルを修正して図4-3を作成した。心理的参加であるブランド共感の結果として、各種価値共創行動としての口コミ発言が増える（①）というルートは存在した。しかし実際には、ネット上には違うルートからの発言も混在している。売上の大きい企業のブランドは、心理的ロイヤルティがそれほど大きくなくても、キャンペーンなどの効果で客数が増えて、結果的に売上が大きくなっている。客数が多いということはネット上での発言確率が相対的に大きくなるが、同時にマイナス発言も増える傾向がある（③）。

表4-6　各ブランドのアンケート結果とテキストマイニング結果

		アンケート結果（金森2014）			テキストマイニング結果		競争地位
		心理的ロイヤルティ	ネット上のブランド経験度		発言量	特徴的な内容（キーワード）	
			発言者経験度	ROM経験度			
外食ブランド	モスバーガー				少ない	アルバイト	
	スターバックス				多い	明日行く，店員との会話	
	サブウェイ				多い	得サブ，サブクラブカード，ローストビーフ	
	ミスタードーナツ				多い	明日行く	
	マクドナルド				多い	裏ワザ，罰ゲーム	リーダー
	ドトール				多い	明日行く，モンテールとのコラボ	
通信添削ブランド	Z会				少ない	TVCM，東大合格者数	
	学研マイコーチ				ほとんどない		
	小学館ドラゼミ				少ない	日比谷花壇とのコラボ企画	
	ベネッセ進研ゼミ，こどもチャレンジ				多い	漫画のパロディ	リーダー

出所：金森（2014b），twitter発言抽出（2013年2-3月）より

　このようにネット上の発言の量だけを見ていても，価値共創状態であるか否かを知ることはできない。テキストマイニングなどによって発言の内容（質）を見ることで，価値共創状態の評価が可能となる。

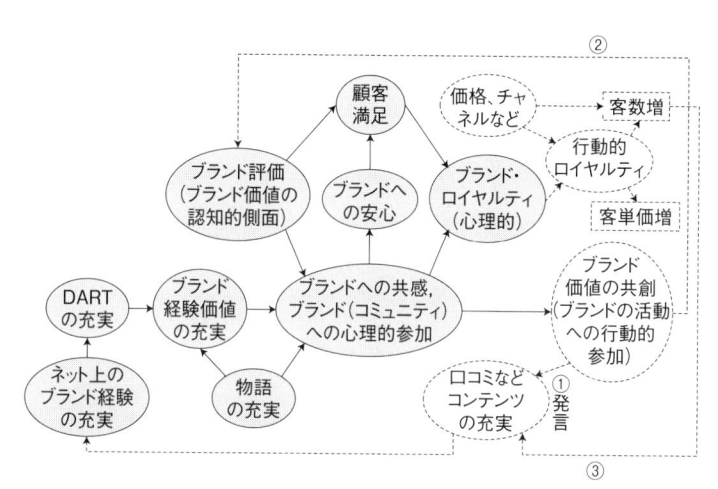

図4-3　参加・共創モデル

本章では「心理的参加」と「行動的参加」を分けることで，ネット上の口コミの価値共創の程度を説明することができた。

　一般にネット上の発言を収集する場合は，早期警戒システムを目的としていることが多い（林・佐藤 2011）。どのようなキーワードが発生した時にブランドの危機が迫っていて，価値共創状態が阻害されていくかを知ることができれば，ブランド・マネジメント上有用であろう。今後はこうしたダイナミックなモデルを構築することが課題である。

終章
共感ブランディング形成の方法

1. 参加と価値共創の全体モデル

　中小企業であっても，絞られたターゲット顧客による強い共感を獲得して，永続的競争優位を築く方法はあるはずである。そうした問題意識のもとで，共感ブランドを育てるための方法を検討してきた。

　本書では，ブランド経験によってブランドに対する共感が生じ，その結果として識別され区別されるようになるブランドを「共感ブランド」とした。全てのブランドは，ブランド経験の充実によって顧客の共感度を増大させることができる。もちろん「機能ブランド」や「イメージ・ブランド」として差別化を図っていく道もある。しかし後発の中小企業においては，絞られたターゲット・セグメントに対する経験価値を強化して，「共感ブランド」を目指すことが近道であると考える。

　第1章ではブランド概念の普遍性について述べた。第2章ではネットコミュニティ，スポーツをする仲間，家族などの所属集団が態度変容・行動変容と習慣化を規定することを示した。第3章では，所属集団の中でも特に「ネットコミュニティ」によって「DART」が充実し，「物語」とも相まって「ブランド経験」が充実し，ブランドに対する共感が高まることを実証した。そして第4章では，共感の高まりの結果として，口コミという形での顧客参加と価値共創が実現することを示した。

以上の知見を一つにまとめたものが図終-1である。消費者はコミュニティ，DART，経験価値，物語の充実ブランドによって共感し，その結果，ブランドの活動に「参加」して様々な価値を共創する。また，企業活動に参加するとますます共感が高まる。その参加の一形態としてコミュニケーションの代行（口コミ）が発生し，それがまたコミュニティ内の他の消費者の共感を誘発する。

なお共感状態は「心理的ロイヤルティ」が高い状態であると考えることができる。ここに4Psの諸条件が整うと「行動的ロイヤルティ」が高まり，結果として当該ブランドの売上が成長するわけである。

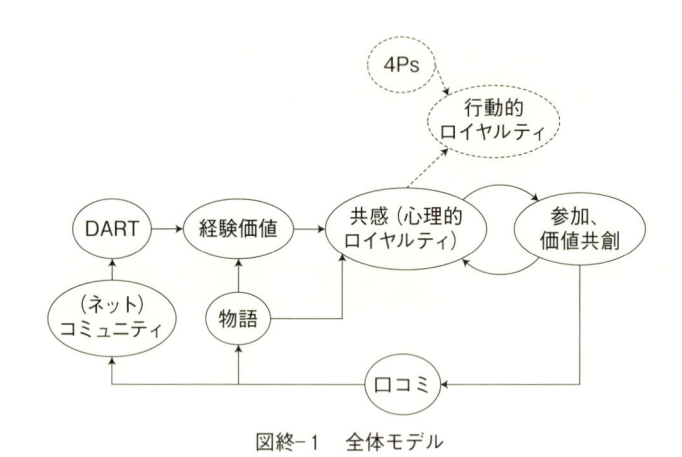

図終-1　全体モデル

あらためて「価値共創」とは何だろうか。恩蔵（2004）は製品開発における「顧客代行」として「コンセプト構築の代行」「製品評価の代行」「コミュニケーションの代行」の3つをあげている。これ以外にも，Muniz & O'guinn（2001）で指摘されているように「ユーザー・サポートの代行」もあるだろう。さらには，「顧客は常に価値の共創者である」（Vargo & Lusch 2006, 井上 2010）というサービス・ドミナント・ロジックの立場からは，製品の「使用」自体が価値共創となる。ICカードの「ネットワーク外部性」も「使用」による価値共創の結果であると言えよう。

このような価値共創状態は，消費者が企業活動に参加している状態であ

り，企業と顧客との境目が曖昧になっていると見ることができる。共感ブランディングとは，消費者が企業活動に参加することで，企業と顧客との境目が曖昧になった新しいビジネスモデルであるとも考えられる。

　企業側から見れば，ネットコミュニティの場と物語を用意[1]し，DARTと経験価値を高めれば，消費者の参加が促進されて好循環が回りだす。これが本書で提案する共感ブランディングの方法である。

2．2種類の口コミ──共感型，不安型

　本書において注目した口コミは「共感型口コミ」と呼ぶことができる。しかし従来の口コミ研究においては「不安型口コミ」を対象とすることが多かった。

　Allport & Postman（1947）によれば，「重要で曖昧なもの」は噂になりやすい。生命にかかわることや，リスクのある高額商品の買い物などは「重要」なテーマである。また複雑な構造を持つハイテク製品や，視認性の低いサービス財などは「曖昧」である。このように重要で曖昧な商品やテーマは，不安を解消するために口コミが発生しやすいと考えられる。不安解消のためには信憑性の高い情報源を必要とする。信憑性は，特別の意図がないという意味での「信頼性」と，当該テーマに関する「専門性」に分解することができる。このように口コミは，特別の意図がない消費者の情報という意味で信頼性が高く，消費者の実体験情報に基づくという意味で専門性が高い。

　こうした文脈で，主に社会心理学の分野で，口コミが語られてきた。一方本書では口コミについて以下のように考えてきた。消費者がブランドの物語などに触れて，ブランドの価値観や理念と自分のそれとの類似性を認知し，ブランドに感情移入するようになって，ブランドとの（疑似的な）感情の共有（共感）が生じる。その結果，消費者はブランドのファンになり，ブランドやそのユーザーたちの支援をしたくなり，ブランドの活動に参加し，参加・支援の一つの形態として口コミを発信することになる。こうした「共感

1）「ネットコミュニティ」構築については金森（2009）を，「物語」については金森（2012b）を参照のこと。

型口コミ」においても，ブランドの物語については語るに足る重要性を必要とするので，Allport & Postman（1947）の法則の一部は当てはまると考えることができる。

同じように見える口コミであるが，「不安型口コミ」ではなく，「共感型口コミ」を生成させることが，本書で言う共感ブランディングにつながるのである。

3．DARTとブランド経験の構造に関するこれからの展望

本書では永続的なブランド・ロイヤルティの背景として「DART」と「ブランド経験」を想定し，表終-1に示すように6つのモデルを実証した。実際の観測変数を作成するにあたっては，DARTについてはPrahalad & Ramaswamy（2004）を参照し，ブランド経験についてはBrakus, Schmitt & Zarantonello（2009）を参照している。後者の研究ではブランド経験がブランド・ロイヤルティを規定することが実証されているが，前者の研究ではDART，ブランド経験，ブランド・ロイヤルティの関係について定量的分析は行われていない。

表終-1　DARTとブランド経験の因子構造の比較

対象カテゴリー	DART	ブランド経験	表
10ブランド	商品理解，メカニズム理解，関係者へのアクセス，仲間意識	感覚・感情的経験，身体的経験，関係的経験	3-1-9
ICカード（福岡）	相互理解，関係者アクセス，商品アクセス	重い経験，軽い経験	3-2-1
ICカード（東京）	相互理解，商品アクセス，関係者アクセス	重い経験，軽い経験	3-3-4
スポーツ・コミュニティ	現在性，過去性，仲間・参加性*	思考性・関係性，感覚性・感情性・行動性	3-4-5
外食	関係者へのアクセス，メカニズム理解，購買者としての知識量，仲間意識	認知的経験，感覚的・感情的経験	3-5-1
通信添削	関係者へのアクセス，メカニズム理解，購買者としての知識量	認知的経験，感覚的・感情的経験	3-5-2

注：*質問項目を入会前と入会後とに分けた。

本書の分析では各観測変数について，モデルごとに因子分析を行った。その結果 DART については，因子が「dialogue（対話）」「access（利用）」「risk assessment（リスク評価）」「transparency（透明性）」の4つに分かれるわけではないが，どの商品カテゴリーにおいても類似した潜在因子が抽出されている。

　一方ブランド経験については，Brakus, Schmitt & Zarantonello（2009）において詳細な変数の検討がされているにもかかわらず，「SENSE（感覚的）」「FEEL（情緒的）」「THINK（創造的・認知的）」「ACT（肉体的・ライフスタイル全般）」「RELATE（準拠集団や文化）」の5つに因子が分かれないだけでなく，商品カテゴリーによって抽出される潜在因子が大きく異なるという結果となった。特に IC カードについては説明が困難であった。

　共感ブランディングを検討するにあたって，DART とブランド経験がブランド・ロイヤルティを規定するという構造は安定的に観察されると言ってよいが，商品カテゴリーを超えた普遍的なブランド経験の構造については研究の余地があると言えよう。

参考文献

Aaker, D. A., *Building Strong Brands*, Free Press, 1996（陶山計介・小林哲・梅本春夫・石垣智徳共訳『ブランド優位の戦略：顧客を創造する BI の開発と実践』ダイヤモンド社, 1997）.

Allport, Gordon W. and Leo Postman, *The Psychology of Rumor*, Henry Holt and Company, 1947, reissued, 1965, by Russell & Russell, Pub..

Bandula, A., "Self-efficacy: Toward a Unifying Theory of Behavioral Change", *Psychological Review*, 84 (2), 1977, pp.191-215.

Baudrillard, J., *La Socoete de consommation: Ses mythes, Ses structures*, Gallimard, 1970（今村仁司・塚原史訳『消費社会の神話と構造』紀伊國屋書店, 1979）.

Becker, M. H. and L. A. Maiman, "Sociobehavioral Determinants of Compliance with Health and Medical Care Recommendations", *Medical Care*, 13 (1), 1975, pp.10-24.

Brakus, J. J., B. H. Schmitt and L. Zarantonello, "Brand Experience: What Is It? How Is It Measured? Does It Affect Loyalty?", *Journal of Marketing*, 73 (1), 2009, pp.52-68.

Cacioppo, J. T. and W. Patrick, *Loneliness: Human Nature and the Need for SocialConnection*, W. W. Norton & Co., 2008（柴田裕之訳『孤独の科学：人はなぜ寂しくなるのか』河出書房新社, 2010）.

Christakis, N. A. and J. H. Fowler, "The Spread of Obesity in a Large Social Network over 32 Years", *New England Journal of Medicine*, 357, 2007, pp.370-379.

Curtis, Anthony J., *Health Psychology*, Routledge, 2000（外山紀子訳『健康心理学入門』新曜社, 2006）.

Demiris, G., "The Diffusion of Virtual Communities in Health Care: Coucepts and Challenges", *Patient Education and Counseling*, 62 (2), 2006, pp.178-188.

Donelle, L. and L. Hoffman-Goetz, "An Exploratory Study of Canadian Aboriginal Online Health Care Forums", *Health Communications*, 23 (3), 2008, pp.270-281.

Eysenbach, G., "The Impact of the Internet on Cancer Outcomes", *A Cancer Journal for Clinicians*, 53 (6), 2003, pp.356-371.

Eysenbach, G., J. Powell, M. Englesakis, C. Rizo and A. Stern, "Health Related Virtual Communities and Electronic Support Groups: Systematic Review of the Effects of Online Peer to Peer Interactions", *British Medical Journal*, 328-7449, 2004, pp.1166-1171.

Higgins, E. T., "Promotion and Prevention: Regulatory Focus as a Motivational Principle", *Advances in Experimental Social Psychology*, 30, 1998, pp.1-46.

House, J. S., *Work Stress and Social Support*, Addison-Wesley, 1981.

Keller, K. L., *Strategic Brand Management*, Prentice-Hall, 1998 (恩蔵直人・亀井昭宏訳『戦略的ブランド・マネジメント』東急エージェンシー出版部, 2000).

Keller, K. L., *Strategic Brand Management and Best Practice in Branding Cases*, 2nd Ed., Pearson Education, 2003 (恩蔵直人研究室訳『ケラーの戦略的ブランディング:戦略的ブランド・マネジメント増補版』東急エージェンシー出版部, 2003).

Lazarus, R. S. and S. Folkman, *Stress, Appraisal, and Coping*, Springer, 1984 (本明寛, 春木豊, 織田正美監訳『ストレスの心理学:認知的評価と対処の研究』実務教育出版, 1991).

Madge, C. and H. O'Connor, "Parenting Gone Wired: Empowerment of New Mothers on the Internet?", *Social and Cultural Geography*, 7 (2), 2006, pp.199-220.

Muniz, Jr., A. M. and T. C. O'guinn, "Brand Community", *Journal of Consumer Research*, 27 (4), 2001, pp.412-432.

Oliver, R. L., "A Cognitive Model of the Antecedents and Consequences of Satisfaction Decisions", *Journal of Marketing Research*, 17 (4), 1980, pp.460-469.

Palmer, R. L., *Helping People with Eating Disorders: A Clinical Guide to Assessment and Treatment*, John Wiley & Sons, 2000 (佐藤裕史訳『摂食障害者への援助:見立てと治療の手引き』金剛出版, 2002).

Prahalad, C. K. and V. Ramaswamy, *The Future of Competition: Co-Creating Uniquevalue with Customers*, Harvard Business School Press, 2004 (有賀裕子訳『価値共創の未来へ:顧客と企業の Co-Creation』ランダムハウス講談社, 2004.).

Prochaska, J. O. and C. C. DiClemente, "Stages and Processes of Self-Change of Smoking: Toward an Integrative Model of Change", *Journal of Consulting and Clinical Psychology*, 51 (3), 1983, pp.390-395.

Prochaska, J. O., J. C. Norcross and C. C. DiClemente, *Changing for Good: The Revolutionary Program That Explains the Six Stages of Change and Teaches You How to Free Yourself from Bad Habits*, William Morrow & Co., 1994（中村正和監訳『チェンジング・フォー・グッド：ステージ変容理論で上手に行動を変える』法研, 2005）.

Ramaswamy, V. and F. Gouillart, *The Power of Co-Creation*, Free Press, 2010（尾崎正宏・田畑萬監修，山田美明訳『生き残る企業のコ・クリエーション戦略：ビジネスを成長させる「共同創造」とは何か』徳間書店, 2011）.

Rotter, J. B., "Generalized Expectancies for Internal Versus External Control of Reinforcement", *Psychological Monographs*, 80 (1), 1966, pp.1–28.

Schmitt, B. H., *Experiential Marketing: How to Get Customers to Sense, Feel, Think, Act, Relate*, Free Press, 1999（嶋村和恵・広瀬盛一訳『経験価値マーケティング　消費者が「何か」を感じるプラスαの魅力』ダイヤモンド社, 2000）.

Tybout, A. M. and G. S. Carpenter, "Creating and Managing Brands", Iacobucci, D., *Kellogg on Marketing*, Wiley & Sons, 2001, pp.74-102（平田禎也訳「ブランド創造とマネジメント」奥村昭博・岸本義之訳『マーケティング戦略論：ノースウェスタン大学大学院・ケロッグ・スクール』ダイヤモンド社, 2001, pp.98-135）.

Vargo, S. L. and R. F. Lusch, "Evolving to a New Dominant Logic for Marketing", *Journal of Marketing*, 68 (1), 2004, pp.1–17.

Vargo, S. L. and R. F. Lusch, "What It Is, What It Is Not, What It Might Be, Lusch, Robert F. and Stephen L. Vargo", *The Service-Dominant Logic of Marketing: Dialog, Debate, and Directions*, M. E. Sharpe, 2006, pp.43–56.

Wansink, B., *Marketing Nutrition: Soy, Functional Foods, Biotechnology, and Obesity*, University of Illinois Press, 2005.

Xie, B., "Multimodal Computer-Mediated Communication and Social Support among Older Chinese Internet Users", *Jounal of Computer-Mediated Communication*, 13 (3), 2008, pp.728–750.

Yoo, X. and N. Donthu, "Developing and Validating a Multidimensional Consumer-Based Brand Equity Scale", *Journal of Business Research*, 52 (1), 2001, pp.1–14.

青木幸弘「ブランド論の変遷：その過去と現在」青木幸弘編著『価値共創時代のブランド戦略：脱コモディティ化への挑戦』ミネルヴァ書房, 2011, pp.1-14.

石川雅弘・池田潔・加藤淳一「ブログ記事の収集と予備分析：大規模分析に向けて」つくば国際大学『研究紀要』第18巻, 2012, pp.41-55.

伊藤恵造・松村和則「コミュニティ・スポーツ論の再構成」日本体育学会『体育

學研究』第54巻1号, 2009, pp.77-88.
井上崇通「第2章 S-Dロジックの〈基本的前提（FPs）〉」井上崇通・村松潤一編著『サービス・ドミナント・ロジック：マーケティング研究への新たな視座』同文舘出版, 2010, pp.17-28.
植田志摩子「食生活と健康に関する研究第2報：女子短大生の食生活状況および健康状態について」『帯広大谷短期大学紀要』第38巻, 2000, pp.87-100.
大石千歳「集団」堀洋道監修, 吉田富二雄編『心理測定尺度集II 人間と社会のつながりをとらえる〈対人関係・価値観〉』サイエンス社, 2001, pp.216-245.
大塚英志『定本 物語消費論』角川書店, 2001.
大塚泰正「サポートグループ」小杉正太郎編『朝倉心理学講座19 ストレスと健康の心理学』朝倉書店, 2006, pp.88-101.
大野邦夫・渡辺篤史「ソーシャルメディアへのテキストマイニングの適用に関する検討」『情報処理学会研究報告』DD-64, EIP-39, 2008, pp.47-54.
荻原剛・藤井聡「交通行動が地域愛着に与える影響に関する分析」『土木計画学研究・講演集』第32巻, 2005, https://www.jsce.or.jp/library/open/proc/maglist2/00039/200511_no32/pdf/285.pdf
恩蔵直人「製品開発における顧客志向と顧客代行」青木幸弘・恩蔵直人編『現代のマーケティング戦略①：製品・ブランド戦略』有斐閣アルマ, 2004, pp.65-86.
金崎良三「スポーツ・コミットメントの形成とスポーツ参与に関する研究(1)：スポーツにおける友人関係によるコミットメント尺度作成の試み」九州大学健康科学センター『健康科学』第14巻, 1992, pp.35-42.
金崎良三・多々納秀雄・徳永幹雄・橋本公雄「スポーツ行動の予測因に関する研究(1)：社会学的要因について」九州大学健康科学センター『健康科学』第3巻, 1981, pp.55-69.
金崎良三・徳永幹雄・藤島和孝・岡部弘道・橋本公雄「スポーツ行動の継続化とその要因に関する研究(1)：婦人テニス教室参加者の場合」九州大学健康科学センター『健康科学』第11巻, 1989, pp.71-85.
金森剛『ネットコミュニティの本質』白桃書房, 2009.
金森剛「健康増進とネットコミュニティ：ダイエット・サイトでの態度変容過程」『相模女子大学紀要』Vol.74C, 2011, pp.105-118.
金森剛「交通系ICカードの採用スピードと企業ブランド評価」『相模女子大学紀要』Vol.75C (2011), 2012a, pp.77-87.
金森剛「第二部 顧客参加と共創によるブランディング」矢島邦昭・金森剛『マーケティングの理論と実際：基礎理論から参加型マーケティング構築まで』晃洋書房, 2012b, pp.115-226.
金森剛「ダイエット行動の規定要因：ダイエット態度と所属集団の影響」明治大

学情報基盤本部『インフォマティクス』第 5 巻 2 号，2012c, pp.5-16.
金森剛「電子マネーの利用促進：交通系 IC カードのブランド戦略」相模女子大学『人間社会研究』第 9 号，2012d, pp.13-26.
金森剛「IC カード型電子マネーのブランド経験と買い物での利用」相模女子大学『人間社会研究』第10号，2013a, pp.45-57.
金森剛「スポーツ・コミュニティ参加と運動継続の要因」『相模女子大学紀要』Vol.76C (2012), 2013b, pp.79-90.
金森剛「SNS 発言のテキストマイニングによるブランド価値の分析：心理的参加と行動的参加」相模女子大学『人間社会研究』第11号，2014a, pp.89-105.
金森剛「ブランド・ロイヤルティの規定要因：ネット，物語，安心の効果」『相模女子大学紀要』Vol.77C (2013), 2014b, pp.89-105.
金森剛・木村淳「ブランドマーケティングにおけるネットコミュニティの活用」『知的資産創造』Vol.11, No.2, 野村総合研究所，2003, pp.54-65.
金森剛・西尾チヅル「ネットコミュニティのブランド態度形成効果」『日経広告研究所報』第39巻 3 号，2005, pp.66-75.
金森剛・西尾チヅル「ネットコミュニティの知覚品質とその構造」『経営情報学会誌』第16巻 1 号，2007, pp.25-47.
蒲原聖可『ダイエットを科学する：人間は丸くなっている？』中央公論新社，2001.
菊池一夫「サービス・ドミナント・ロジックの進展へのノルディック学派の対応」『佐賀大学経済論集』第45巻 1 号，2012, pp.69-92.
小池太輔・林田和人・渡辺仁史「ソーシャルメディアに現れる行動と実空間における生活行為の関係」『一般社団法人日本建築学会学術講演梗概集，F-1，都市計画，建築経済・住宅問題』2011, pp.573-574.
厚生労働省健康局「平成20年国民健康・栄養調査報告」http://www.mhlw.go.jp/bunya/kenkou/eiyou/h20-houkoku.html, 2010.
小杉正太郎「ストレスエデュケーションとストレスカウンセリング」小杉正太郎編『朝倉心理学講座19 ストレスと健康の心理学』朝倉書店，2006, pp.110-122.
近藤克則『〈健康格差社会〉を生き抜く』朝日新聞出版，2010.
財団法人インターネット協会監修『インターネット白書2012：モバイルとソーシャルメディアが創る新経済圏』インプレスジャパン，2012.
須藤英彦「スポーツクラブにおける中高年女性の運動継続の規定要因に関する研究」早稲田大学スポーツ科学学術院『スポーツ科学研究』第 5 巻，2008, pp.96-107.
武見ゆかり「ソーシャルマーケティング」日本健康教育学会編『健康教育：ヘルスプロモーションの展開』保健同人社，2003, pp.122-126.

伊達久美子・中村美知子・西田頼子・西田文子・楡井恭子「成人における食行動の実践状況と認識：青年期・壮年期の比較」『山梨大学紀要』第19巻, 2002, pp.71-77.

田中美由紀「職場と心理学的ストレス」小杉正太郎編『ストレス心理学：個人差のプロセスとコーピング』川島書店, 2002, pp.147-166.

田中恵「地域集団スポーツにおける社会関係の形成，継続・発展の規定要因：神奈川県旧・津久井郡城山町における軟式野球を事例として」桜美林大学『教育の現場から』第9巻, 2009, pp.75-95.

田村毅『インターネット・セラピーへの招待：心理療法の新しい世界』新曜社, 2003.

中央労働災害防止協会「職業性ストレス簡易評価ページ」http://www.jisha.or.jp/web_chk/strs/strs02.html, (2011/10/17アクセス).

傳行聰 (Fu, Kousou)「サービス・ドミナント (S-D)・ロジックの吟味：使用における価値創造の視点を中心に」『愛知淑徳大学論集，ビジネス学部・ビジネス研究科篇』第8巻, 2012, pp.79-88.

角田泰久「〈阪急〉ブランドのマネジメント」関西学院大学『マネジメント・レビュー』第7巻, 2002, pp.103-135.

電通 abic project 編『地域ブランド・マネジメント』有斐閣, 2009.

豊田秀樹「〈討論：共分散構造分析〉の特集にあたって」日本行動計量学会『行動計量学』第29巻2号, 2002, pp.135-137.

日経BPコンサルティング『ブランド・ジャパン：2010年度総合ランキング (BtoC)』http://www.nikkeibpm.co.jp/chosa/brand/brand_j/index.shtml, 2011年4月15日.

二宮浩彰・菊池秀夫・守能信次・池田勝・永吉宏英「商業スポーツクラブ会員の選好行動に関する研究：入会意思決定過程における消費者選好について」『中京大学体育学論叢』第36巻1号, 1994, pp.65-74.

日本銀行決済機構局「最近の電子マネーの動向について（2012年）」http://www.boj.or.jp/research/brp/ron_2012/data/ron121119a.pdf, 2012年11月.

能幸夫「精神病圏のアイデンティティ集団精神療法の実際：統合失調症の機能しているグループ様態の技法論的検討」小谷英文編『グループセラピーの現在：精神疾患集団療法から組織開発タスクフォースまで』現代のエスプリ no.504, ぎょうせい, 2009, pp.96-111.

野口京子『新版 健康心理学』金子書房, 2006.

畠山仁友「消費者主導の意図せざる共創：共創プロセスへの「アレンジ」の組み込み」早稲田大学大学院商学研究科『商学研究科紀要』第74巻, 2012, pp.33-50.

林喜美子・湊久美子・北村裕美「中高年女性の運動習慣に影響する要因の検討」

『和洋女子大学紀要：家政系編』第46巻，2006, pp.167-175.
林春男・佐藤翔輔「膨大な情報から必要とされる情報を報せるビジネスツールとしての TRENDREADER」『情報管理』Vol.54, No.1, 2011, pp.2-12.
林弥生「青年期の食行動と心理学的ストレス」小杉正太郎編著『ストレス心理学：個人差のプロセスとコーピング』川島書店，2002, pp.147-166.
福田敏彦「コンテンツマーケティングと物語性」新井範子・福田敏彦・山川悟『コンテンツマーケティング：物語型商品の市場法則を探る』同文舘出版，2004, pp.71-102.
古川一郎・金春姫・上原渉「共感を考慮した認知・選好モデル：ブランドの構成要素間の関連性の検討」一橋大学『一橋論叢』第131巻5号，2004, pp.381-398.
槙野光聰・添田昌志・大野隆造「地域に関する情報が居住地への愛着形成に与える影響」『一般社団法人日本建築学会学術講演梗概集 D-1』2001, pp.769-770.
松本千明『医療・保健スタッフのための健康行動理論の基礎：生活習慣病を中心に』医歯薬出版，2002.
山岸俊男『信頼の構造：こころと社会の進化ゲーム』東京大学出版会，1998.
山岸俊男『安心社会から信頼社会へ：日本型システムの行方』中央公論新社，1999.
渡部和雄・岩崎邦彦「非接触 IC カード型電子マネーに対する消費者の意識と普及の課題：利用者と非利用者，交通系と流通系，地域による意識の差異と利用意向の分析」『経営情報学会誌』第17巻4号，2009, pp.13-36.
渡邊勉「地域に対する肯定観の規定因：愛着度，住みやすさ，地域イメージに関する分析」信州大学『地域ブランド研究』第2巻，2006, pp.99-130.
和田充夫『ブランド価値共創』同文舘出版，2002.

初出一覧

　本書は次に明記する論文に依拠している。また，記載の助成を受けたものである。

第 1 章：金森（2012a），科学研究費補助金助成基盤研究 B「電子マネーの普及過程と社会情報サービスイノベーション論の研究」

第 2 章第 1 節：金森（2011）

第 2 章第 2 節：金森（2012c），科学研究費補助金助成基盤研究 C「健康行動変容におけるネットコミュニティの役割」

第 3 章第 1 節：金森（2012b）

第 3 章第 2 節：金森（2012d），科学研究費補助金助成基盤研究 B「電子マネーの普及過程と社会情報サービスイノベーション論の研究」

第 3 章第 3 節：金森（2013a），科学研究費補助金助成基盤研究 B「電子マネーの普及過程と社会情報サービスイノベーション論の研究」

第 3 章第 4 節：金森（2013b），科学研究費補助金助成基盤研究 C「健康行動変容におけるネットコミュニティの役割」

第 3 章第 5 節：金森（2014b），平成24年度財団法人電気通信普及財団研究調査助成「参加型マーケティングのブランディング効果：ネットコミュニティの活用」

第 4 章：金森（2014a），平成24年度財団法人電気通信普及財団研究調査助成「参加型マーケティングのブランディング効果：ネットコミュニティの活用」

■ 著者紹介

金森　剛（かなもり　つよし）

1960年生まれ。専門はマーケティング，消費者行動。慶應義塾大学卒，筑波大学大学院修了。博士（経営学）。野村総合研究所事業部長などを経て，相模女子大学人間社会学部社会マネジメント学科教授。主要著書に『ネットコミュニティの本質』（白桃書房，2009年，単著），『マーケティングの理論と実際：基礎理論から参加型マーケティング構築まで』（晃洋書房，2012年，共著）などがある。

■ 共感ブランド
―場と物語がつくる顧客参加の仕組み―

■発行日――2014年8月26日　初版発行　　〈検印省略〉

■著　者――金森　剛
■発行者――大矢栄一郎
■発行所――株式会社　白桃書房
　　　　　〒101-0021　東京都千代田区外神田5-1-15
　　　　　☎03-3836-4781　📠03-3836-9370　振替00100-4-20192
　　　　　http://www.hakutou.co.jp/

■印刷・製本――藤原印刷

© Tsuyoshi Kanamori 2014　Printed in Japan
ISBN 978-4-561-66210-5　C3063

本書のコピー，スキャン，デジタル化等の無断複製は著作権法上での例外を除き禁じられています。本書を代行業者等の第三者に依頼してスキャンやデジタル化することは，たとえ個人や家庭内の利用であっても著作権法上認められておりません。

JCOPY 〈(社)出版社著作権管理機構　委託出版物〉
本書の無断複写は著作権法上での例外を除き禁じられています。複写される場合は，そのつど事前に，(社)出版社著作権管理機構（電話03-3513-6969，FAX03-3513-3679，e-mail：info@jcopy.or.jp）の許諾を得てください。

落丁本・乱丁本はおとりかえいたします。

好 評 書

金森剛著
ネットコミュニティの本質　　　　　　　　　本体価格 2381 円

原田将著
ブランド管理論　　　　　　　　　　　　　　本体価格 4700 円

鈴木智子著
イノベーションの普及における正当化と
フレーミングの役割　　　　　　　　　　　　本体価格 3500 円
　―「自分へのご褒美」消費の事例から―

マイケル D. ハット，トーマス W. スペイ著，笠原英一解説・訳
産業財マーケティング・マネジメント〈ケース編〉　本体価格 3800 円
　―組織購買顧客から構成されるビジネス市場に関する戦略的考察―

マイケル D. ハット，トーマス W. スペイ著，笠原英一訳
産業財マーケティング・マネジメント〈理論編〉　本体価格 9000 円
　―組織購買顧客から構成されるビジネス市場に関する戦略的考察―

東京　白桃書房　神田

本広告の価格は本体価格です。別途消費税が加算されます。